Hippologische
Handbibliothek

Mary Rose

Handbuch der Pferdehaltung

Vom Stallbau
bis zur
Ersten Hilfe

Franckh'sche Verlagshandlung
Stuttgart

Umschlagfoto und -gestaltung von Siegfried Fischer
Mit 25 Zeichnungen von D. Diane Lent und 5 Zeichnungen aus dem Archiv der Franckh'schen Verlagshandlung
Aus dem Englischen übertragen von Helen Stäubli
Titel der Originalausgabe: The Horsemasters Notebook
(Peter Barker Ltd., London, 1972)
Die Seiten 82 bis 149 wurden für die deutsche Ausgabe durchgesehen und bearbeitet von Prof. Dr. XXXXXXXX, Universität Hohenheim
Klaus Loeffler

CIP-Kurztitelaufnahme der Deutschen Bibliothek

Rose, Mary
Handbuch der Pferdehaltung: vom Stallbau bis zur Ersten Hilfe. — Stuttgart: Franckh, 1977.
(Hippologische Handbibliothek)
Einheitssacht.: The horsemasters notebook ⟨dt.⟩.
ISBN 3-440-04338-X

Franckh'sche Verlagshandlung, W. Keller & Co., Stuttgart / 1976

LH 9-Fi / ISBN 3-440-04338-X / Printed in Germany / Imprimé en Allemagne
Gesamtherstellung: Brönner & Daentler, Eichstätt

Handbuch der Pferdehaltung

I Stallbau und -einrichtungen

Allgemeine Standortvoraussetzungen / Bauplatz

Freies Gelände (möglichst Bodenerhebung)
— nicht eingeengt durch hohe Bauten
— mit natürlichen Umweltbedingungen
— mit trockenem Boden
Möglichkeit der Wasser- und Stromversorgung
Nahegelegenes Weideland

Bodenbeschaffenheit

Durch Bodenproben stellt man die Bodenbeschaffenheit fest.
Am besten geeignet: Untergrund aus Kies oder tiefem Sand. Bietet Gewähr für Trockenheit.
Gut geeignet: Felsiger Untergrund, zum Beispiel Sandstein, Kalk oder Granit.
Sehr schlecht geeignet: Zäher, tiefer Lehm, Torf- oder Moorböden. Generell alle Böden mit hohem Grundwasserspiegel.

Fundament

Das künstliche Fundament aus Stahlbeton muß großflächiger sein als der fertige Bau, um diesem die nötige Stabilität zu geben. Handelt es sich um ein Gelände mit hohem Grundwasserspiegel, muß ein Dränage-System angelegt werden, da das Fundament sonst feucht wird. Eine Dränage muß fachmännisch hergestellt werden und ist ein beträchtlicher Kostenfaktor. In sehr feuchten Lagen müssen die Gebäude auf Bögen beziehungsweise Stahlbetonpfeiler (in der Erde) oder Pfähle gebaut werden. Auch Unterschotterung mit Schlacke kann vor Absinken durch Nässe schützen.

Anlage

1. Die Stallungen sollten nicht im Schatten anderer Gebäude stehen, die eine genügende Zufuhr von Sonnenlicht und sauberer Luft verhindern.
2. Die Gebäude sollten möglichst gestaf-

felt oder parallel errichtet werden. So erhält jede Stallreihe genügend Luft und Licht.

3. Bei Parallel-Aufstallung kann die Längsachse (je nach den örtlichen Windverhältnissen) in Nord-Süd-Richtung verlaufen.
4. Anlagen im Viereck eignen sich nicht. Die Luftzirkulation ist schlecht, und im Falle eines Krankheitsausbruches ist die Ansteckungsgefahr viel größer.

Die Stallgebäude

Wände

Die Wände sollten bis zum Dachansatz mindestens 4 Meter hoch und bei Massivbauweise mindestens $1^1/_2$ bis 2 Ziegelsteine dick sowie gegen Feuchtigkeit isoliert sein.
Gegen Feuchtigkeit wird isoliert, indem man oberhalb des Bodens eine Sperrschicht Klinker in die Mauer einfügt oder aber eine Doppelwand mit Zwischenraum errichtet.
Dieser Zwischenraum wird zwar oft zum Zufluchtsort für Ungeziefer, doch bietet er vor allem bei Ziegelsteinwänden einen guten Feuchtigkeitsschutz (Ziegelsteine sind sehr porös).
Boxen aus Holz erhalten Doppelschalungswände, gegebenenfalls mit Isolierzwischenschicht.

Dächer

1. Flachdach: Wird nur bei kleineren Stallungen (zum Beispiel Reihenboxen) verwendet oder wenn über den Stallungen Wohnräume oder Dachkammern eingerichtet werden. Es muß luftdicht sein, um zu verhüten, daß die warme Luft aus den Stallungen in die oberen Räume eindringt.
2. Schrägdach (Satteldach): Diese Konstruktion gewährt den nötigen Luftraum, genügend Licht sowie eine ausreichende, natürliche Dachventilation.

Allgemeine Voraussetzungen

Das ideale Dach sollte

1. gegenüber dem Horizont höchstens 45 ° geneigt sein,
2. bei warmem und kaltem Wetter eine gleichmäßige Temperatur aufrechterhalten,
3. dauerhaft sein,
4. keinen Lärm erzeugen (das heißt, keine übermäßige Geräuschentwicklung bei Wind, Hagel usw.),
5. feuerfest sein.

Bedachungsmaterialien

1. Dachziegel: erhalten eine konstante Temperatur und bieten gute Dachlüftung, sind aber leicht zerbrechlich und können locker oder undicht werden.
2. Dachschiefer: ausgezeichnete Eigenschaften, aber ebenfalls zerbrechlich. Es läßt sich damit ein ebenso gutes Dach herstellen wie mit Ziegeln. Beide müssen über hölzernen Dachsparren angebracht und regelmäßig repariert werden.

3. Welleternit: hat gute Eigenschaften, ist leicht auf Pfettenkonstruktion zu verlegen und wird deshalb häufig verwendet.
4. Steinplatten: werden selten verwendet. Sehr schwer, unhandlich und nicht zu empfehlen.
5. Strohdächer und asphaltierte Dachpappe: warm bei kaltem Wetter und kühl bei heißem Wetter, aber wegen Feuergefahr nicht empfehlenswert.
6. Verzinktes Eisenblech: außerordentlich „laut"; heiß bei heißem und kalt bei kaltem Wetter. Es ist aber billig und leicht zu transportieren und wird deshalb häufig verwendet. Sollte über einem hölzernen Dachstuhl verlegt werden.

Stallboden

Allgemeine Voraussetzungen
Der Stallboden sollte
1. gegenüber dem Außenboden höher liegen,
2. rutschfest,
3. dauerhaft und nicht zu kühl sein,
4. in Box oder Ständer nach hinten abfallen, aber nur gerade so viel, wie für einen ausreichenden Jaucheabfluß nötig ist.

Bodenmaterialien
1. gestampfter Lehm: durchlässig, ohne Feuchtigkeit von unten. Gut geeignet bei jährlicher Erneuerung.
2. Auf einem Betonfundament von 10 bis 15 cm Dicke können folgende Beläge verlegt werden:

a) Ziegelpflaster: sehr gut geeignet, haltbar.
b) Kopfsteinpflaster: schlechter Belag, da zu uneben und kalt.
c) Steinplatten: werden glattgetreten und müssen immer wieder gemeißelt werden. Sie bekommen Sprünge. Kein guter Belag.
d) Granitplatten: werden sehr glatt, müssen häufig gemeißelt werden, ergeben nie eine ebene Standfläche.
e) Beton: relativ billig, aber nicht gut, da hohe Strahlungskälte. Falls dieses Material verwendet wird, muß die Oberfläche rauh sein. Ziemlich dicke Einstreu ist erforderlich.
f) Asphalt: wird zu leicht von Hitze angegriffen und ist in nassem Zustand schlüpfrig. Wenig haltbar.
g) Holzpflaster und Holzbretter resorbieren zu viel Nässe, werden schlüpfrig und faulen.
h) Nylonfiberplatten: teuer, aber inzwischen in den USA bewährtes Stallbodenmaterial.

Maße von Boxen und Ständern

1. Großpferdeboxen: 3,60 x 4,20 m
2. Ponyboxen: 3,00 x 3,60 m
3. Ständer sollten mindestens 2,00 m breit und von der vorderen Wand bis zum Standpfosten 3,30 m lang sein. Sie sind nur für Pferde mit ausreichender täglicher Bewegung geeignet (mehrstündige Arbeit/Auslauf).

Die Lüftung

Be- und Entlüftung sind von größter Wichtigkeit. Die Luft im Stall muß oft genug erneuert werden, um rein zu bleiben, ohne daß die Pferde dabei einem Durchzug ausgesetzt werden. Die Tiere brauchen große Mengen an Sauerstoff, damit Atmung und Stoffwechsel auf Dauer nicht geschädigt werden, ihre Widerstandsfähigkeit gegen Krankheiten gestärkt wird und sie die von ihnen verlangte Arbeit auch leisten können. Das äußere Aussehen kann täuschen. Oft sehen Pferde, die in stickigen, schlecht gelüfteten Ställen gehalten werden, zunächst rein äußerlich gut oder gar besser aus als solche, die in kalten, frischen Ställen stehen. Sie haben dennoch eine schlechtere Kondition und sind krankheitsanfälliger. Schleichende Schäden (zum Beispiel Dämpfigkeit) treten erst nach einiger Zeit auf.

Riecht es muffig in einem Stall, ist das Stallklima ungesund, und die Luft muß häufiger erneuert werden, damit einer zu starken Anreicherung der Stalluft mit Schwefelwasserstoff, Ammoniak und Kohlendioxid vorgebeugt wird.

In sehr rauhem Klima sollten die Ställe im Winter vorübergehend geschlossen werden. Ein vergrößertes Luftvolumen pro Kopf innerhalb des Gebäudes sorgt für genügend Sauerstoff.

Durchzug und Erkältung

Durchzug ist ein Luftstrom, der sich mit einer Geschwindigkeit bewegt, die auf der Haut ein Gefühl der Kälte hervorruft. Auf warmer, gut durchbluteter Haut bewirkt Durchzug, daß sich das Blut in die inneren Organe zurückzieht und Frösteln und Zittern hervorruft.

Je wärmer die Haut ist, wenn ein Pferd in Durchzug gerät, desto größer ist die Gefahr einer Erkältung.

Ein allzu häufiges Erneuern der Stalluft bewirkt einen ständigen Zustrom kalter Luft und hält die Pferde in kontinuierlichem Durchzug.

Um ein zu häufiges Lüften zu verhindern, soll man bei der Stallplanung einen genügenden Luftraum pro Kopf einberechnen. 42 bis 45 m^3 Stallraum pro Pferd sind ausreichend.

Temperatur der Stalluft

Wird ein Stall wie oben beschrieben gelüftet, so daß die Temperatur der Stalluft kaum von derjenigen der Außenluft abweicht, so empfindet man dies im Winter oft als zu kalt. Pferde leiden aber nicht im gleichen Maße wie der Mensch unter Kälte und ertragen Temperaturunterschiede sehr gut. Als Richtwert gilt jedoch eine Stalltemperatur zwischen 10 und 15 ° C als ideal. Die einzigen Temperaturunterschiede, die wirklich zu Krankheit führen können, rühren von der Abkühlung her, wenn ein erhitztes und müdes Pferd im Durchzug stehen muß. Während der kalten Jahreszeit werden Temperatur und Kondition des Pferdekörpers durch zusätzliche Nahrung oder Decken aufrechterhalten. Das Pferd soll aber keine erwärmte, verbrauchte Luft einatmen müssen. Hinzu kommt, daß warme Luft viel mehr Feuchtigkeit aufnimmt als kalte. Eine relative Luftfeuchtigkeit von mehr als 75 % („Treibhausklima") führt bei Pferden auf Dauer zu erheblichen Erkrankungen der Atmungsorgane.

Entlüftungsanlagen

Türenlüftung
Stalltüren sind kein permanentes Mittel zur Lüftung, wenn sie allzuoft geschlossen sind.
Bei Außenboxen mit separaten Türen und direktem Zugang zum Stallhof sollte die Türe wenn möglich horizontal geteilt sein. Dann kann die obere der Hälften geöffnet und an der Wand befestigt werden.

Fensterlüftung
Fenster sind die wichtigsten Öffnungen für Frischluftzufuhr. Sie sollten an beiden Außenwänden der Stallung entlanglaufen, je eines pro Ständer oder Box.
Scharniere müssen am unteren Rand oder quer durch die Mitte des Fensters verlaufen, damit man es zum Öffnen nach innen kippen kann. Die Fenster sollten mit Eisenstäben geschützt sein.
Befinden sich auf beiden Seiten des Stalles Fenster, sollten jene im Windschatten immer offen sein. Bei windstillem Wetter können sie auf beiden Seiten offen sein.
Außenboxen sollten, wenn möglich, mit dem Eingang nach Süden oder Südwesten entgegengesetzt zur Hauptwindrichtung gebaut werden, wobei sich das Fenster auf der gleichen Seite wie die Tür befindet.

Dunstschlote
Unter dem First angebracht, sorgen sie dafür, daß die erwärmte, verbrauchte Luft ausströmen kann.
Sie müssen genügend breit sein und sich in so steilem Winkel überlagern, daß kein Regen eindringen kann.
Sie müssen in geöffneter Stellung fixiert sein. Sind sie beweglich, werden sie leicht von selbst zufallen.

Lüftungsschächte und -rohre
Verbrauchte Luft kann durch Lüftungsschächte oder -rohre abgeleitet werden. Diese müssen so konstruiert sein, daß der Luftstrom über eine aufwärts gebogene Fläche oder durch einen schmalen Schlitz fließt, wodurch unten ein kontinuierliches Vakuum entsteht und die verbrauchte Luft nach oben abgesaugt wird.
Anlagen, in denen Vögel nisten können, sind völlig wertlos. Lüftungsschächte und -rohre müssen so gebaut sein, daß sie unabhängig von der Windrichtung richtig funktionieren.

Richtung des Luftstromes

Die Richtung des Luftstromes in einem Stall wird bestimmt durch den Neigungswinkel der Öffnungen, durch die er eintritt. Können die Fenster von oben her gekippt werden, wird die eintretende Luft abwärts gelenkt und fließt über die Tiere hinweg.
Die eintretende Luft ist kühler und demzufolge schwerer als die Luft im Innern des Stalles. Sie sinkt somit ab und wird unter den Tieren auf der gegenüberliegenden Seite gleichmäßig verteilt.
Die Luft wird auf diese Weise gut ver-

teilt und ist schon leicht erwärmt, bevor sie die Pferde erreicht, wodurch die Gefahr des Durchzuges umgangen wird.
In jedem Fall muß das Lüftungssystem bei einem Massivstall exakt auf die örtlichen Verhältnisse abgestimmt und von einem Fachmann geplant werden.

Die Dränage

Wichtigste Voraussetzungen

1. Der Boden der Boxen muß eben sein, aber von vorne nach hinten leicht abfallen, damit Flüssigkeit abfließen kann.
2. Es ist ein zugfreies Abflußloch, das mit einer offenen Außenrinne vor dem Stall verbunden ist, erforderlich.
3. Die gesammelte Jauche gelangt von der Außenrinne in das Kanalnetz oder in eine Jauchegrube. In einem langen Stall soll die Rinne von der Mitte nach beiden Seiten hin leicht abfallen. Da man abgeschlossene oder unterirdische Rinnen nicht sieht, sind sie schwierig zu reinigen und werden häufig vergessen.
4. Eine Rinne darf keine scharfen Kanten haben. Wo die Stalldränage mit der äußeren Rinne oder mit dem Abflußloch verbunden ist, sollte ein Geruchverschluß installiert werden, damit kein Kanalgas zurückfließen kann.

Stallzubehör

Trennwände und Flankierbäume im Ständer

Vordere und seitliche Trennwände sollen verhindern, daß die Pferde sich bei Auseinandersetzungen gegenseitig verletzen. Sie müssen jedoch so hoch sein, daß die Tiere auf keinen Fall darüber hinweg ausschlagen können.
Zur Trennung von Ständern werden häufig Flankierbäume oder -wände verwendet. Flankierbäume bestehen aus einfachen Rundhölzern oder Eisenstangen, Flankierwände aus breiten, dicken Brettern. Flankierbäume und -wände werden entweder vorne an der Krippe und hinten an einem Standpfosten befestigt oder sind an der Decke aufgehängt. Sie sollten genauso lang wie der Ständer und genügend hoch aufgehängt sein, damit das Pferd nicht mit einem Bein darübersteigen kann (ca. 0,80 m bis 1,00 m). Wenn sie von der Decke hängen, muß dazu ein festes Seil mit einem schnell zu öffnenden Knoten benutzt werden.
Ketten oder Drahtseile sollten, falls sie verwendet werden, durch einen Kunststoff- oder Gummischlauch, der als äußere Verkleidung dient, gezogen werden.
Flankierbäume oder -wände müssen vorne etwas höher hängen als hinten.
Flankierwände sollen, wenn sie nicht bis zum Boden reichen, unbedingt einen größeren Abstand zum Boden haben, damit sich das Pferd nicht beim Liegen mit den Hufen seitlich festklemmt.

Nachteile von Flankierbäumen gegenüber einer Schlagwand: Sie bieten bei Raufereien keinen Schutz und können zu Verletzungen führen, wenn sie falsch angebracht sind.

Schlagwände im Ständer

Es ist vorteilhaft, Schlagwände aus doppelten Bretterwänden herzustellen; doch zusätzlich zu Flankierbaum oder -wand kann auch eine einfache Wand genügen. Man soll sie leicht befestigen und nach Bedarf entfernen können sowie starke Bretter aus möglichst hartem Holz (Eiche, Buche) verwenden.

Ringe

Erforderlich sind:
ein Ring in Brusthöhe, um das Pferd im Ständer anzubinden,
ein Ring in Augenhöhe zur Befestigung eines Heunetzes.
Die Ringe müssen sehr solide befestigt sein!

Futterkrippen

Sie sollten ungefähr 0,80 bis 1,10 m über dem Boden angebracht sein. Sie müssen groß und breit (0,80 m) sein und eine vollkommen glatte Oberfläche sowie gut abgerundete Ecken haben. Als Material hat sich glasierter Ton bewährt; in jüngster Zeit sieht man auch häufig Kunststoffkrippen, die ebenfalls bei dauerhafter Befestigung gut verwendet werden können. Eine breite, flache Krippe ist einer tiefen, schmalen deshalb vorzuziehen, weil ein gieriges Pferd das Maul dann nicht tief ins Futter stekken und eine große Menge auf einmal verschlingen kann.
Der Rand muß so breit sein, daß das Pferd ihn nicht mit den Zähnen fassen kann und dadurch zum Krippensetzen (s. S. 99 f.) angeregt wird.

Heuraufen

Eine Heuraufe in Kopfhöhe oder höher ist nicht gut. Das Pferd wird auf diese Art gezwungen, auf einer unnatürlichen Ebene zu fressen, und man riskiert, daß Staub und Heuteilchen in seine Augen gelangen und zu Entzündungen führen.
Die rentabelste Form ist eine tiefe Heukrippe, die auf der gleichen Höhe wie die Futterkrippe angebracht und nur von oben zugänglich ist. Eine solche

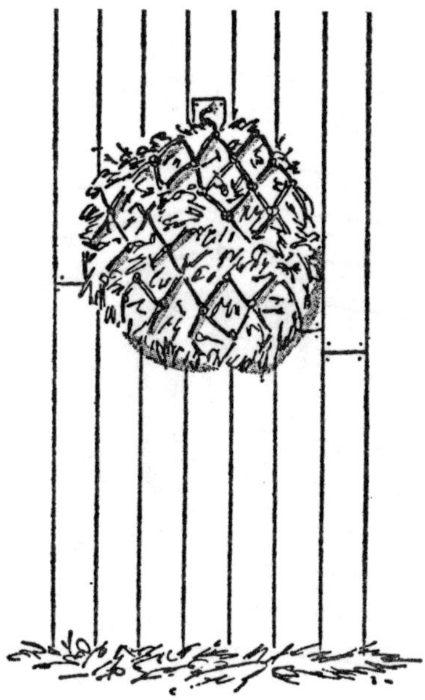

Bild 1. Korrekt befestigtes Heunetz

Heukrippe sollte unten schmäler sein als oben, damit das Pferd seine Knie nicht anschlägt. Für unruhige Pferde wegen möglicher Verletzungsgefahr nicht geeignet.

Das Heu kann auch auf den Boden gelegt werden. Dies hat den Vorteil, daß das Pferd in natürlicher Stellung fressen kann. Nachteilig ist die damit verbundene Verschmutzung des Heus.

Die sauberste und sparsamste Methode der Heufütterung ist die Verwendung von Heunetzen. Die Heuration kann im Heunetz auch mit einer Zugwaage gewogen werden (s. Bild 1).

Wasserversorgung

Selbsttränken sind praktisch und sparen Arbeit. Am besten eignen sich solche mit geschlossenem Tränkebecken und Zulaß- beziehungsweise Absperrhahn. Offene Tränkebecken sollten nie in unmittelbarer Nähe von Futterkrippe oder Heunetz angebracht werden, da sie leicht mit Futter verstopft werden.

Wird das Wasser in einem Eimer verabreicht, bringt man ca. 1 m vom Boden, möglichst in einer Ecke, einen stabilen Ring an. Der Eimer wird mit einem Karabinerhaken daran befestigt und kann auf diese Weise nicht umgestoßen werden (s. Bild 2).

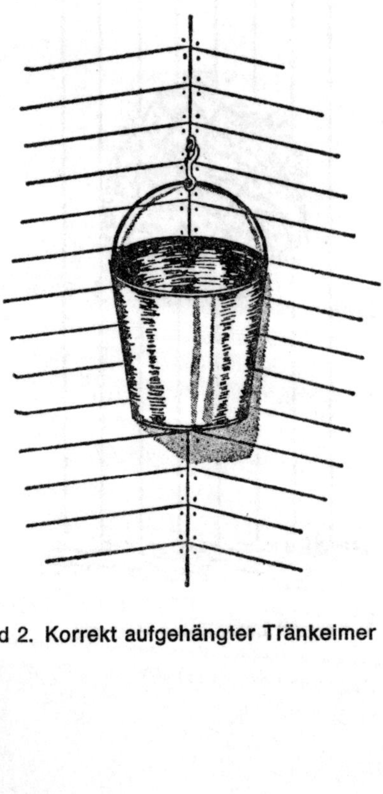

Bild 2. Korrekt aufgehängter Tränkeimer

Stalltüren

Türen sollten 2,40 bis 2,50 m hoch, 1,20 bis 1,40 m breit und mit Bändern befestigt sein oder auf Rollen laufen. Waagrecht geteilte Türen, bei denen obere und untere Hälfte getrennt geöffnet werden können, sind eine ausgezeichnete Lösung. Gewöhnlich kann der obere Teil zur Lüftung offen gelassen werden. Der untere Teil muß so hoch sein (etwa 1,30 m), daß Pferde nicht versucht sind darüberzuspringen.

Pferde schauen gerne hinaus. Häufig werden Türgitter vor der offenen oberen Türhälfte angebracht, damit das Pferd Vorübergehende nicht beißen und den oberen Riegel nicht öffnen kann; ferner wird dadurch auch dem Weben (s. S. 100) entgegengewirkt. Ruhige Pferde brauchen kein Gitter.

Schiebetüren sollen oben auf Rollen befestigt sein und große, glatte Griffe haben, an denen sich ein frei herumgehendes Pferd nicht verletzen kann.

Bild 3. Horizontal geteilte Boxentür
Gut lüftendes und geschütztes Stallfenster
Mit dem Fuß zu betätigender Riegel für Stalltüren

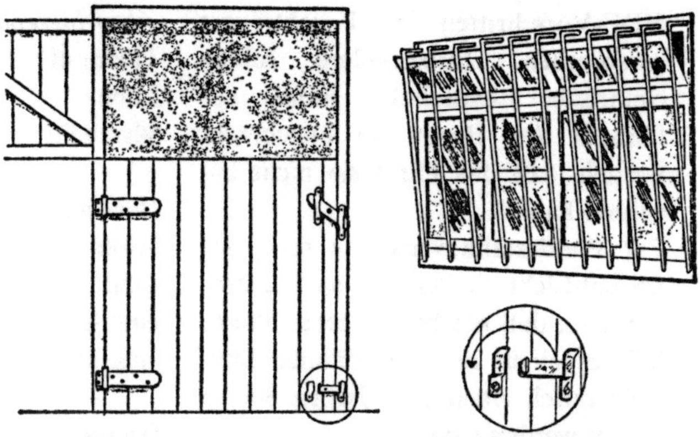

Alle Boxentüren sollen sich nach außen öffnen, und zwar nach links.

Riegel

Sie müssen robust und leicht beweglich sein und sollen große, bündige Griffe ohne Vorsprünge haben, damit ein frei herumgehendes Pferd nicht verletzt wird.
Riegel an horizontal geteilten Boxentüren müssen so gestaltet sein, daß das Pferd sie nicht öffnen kann (spezielle Viehstallriegel).
An Boxentüren dieser Art benötigt man oben und unten je einen Riegel. Den unteren sollte man mit dem Fuß betätigen können, um sich nicht ständig bücken zu müssen; hier genügt ein normaler Schubriegel.

Fenster

Wenn möglich, sollte jedes Pferd über seinem Ständer oder seiner Box ein Fenster haben. Es ist sehr wichtig, daß im Stall genügend Licht vorhanden ist. Fensterfläche je Pferd mindestens 0,6 qm! Der untere Fensterrand sollte 2,40 m über dem Boden liegen. Die Fenster müssen so fixiert sein, daß keinerlei Stricke oder Vorsprünge vorhanden sind, mit denen das Pferd spielen oder in denen es sich verfangen kann. Sie sollten auf der Innenseite mit Eisenstäben geschützt sein und am unteren Rand oder in der Mitte ein Scharnier haben, damit sie zum Öffnen nach innen gekippt werden können.
Schiebefenster sind für Ställe nur bedingt geeignet; eventuell können auch Glasbausteine verwendet werden.

Allgemein zu beachten

1. Alle Beschläge im Stall, zum Beispiel Tür- und Fensterriegel, müssen mit den Wänden oder dem Holzwerk bündig sein oder dürfen wenigstens keine Vorsprünge haben, an denen sich ein Pferd verletzen könnte.
2. Aus dem gleichen Grund sollte man zur Befestigung irgendwelcher Utensilien keine Nägel in die Wände einschlagen.
3. Die Elektroinstallation muß den

VDE-Vorschriften für Feuchträume entsprechen. Insbesondere sollten elektrische Lichtschalter immer außerhalb der Boxen so angebracht werden, daß das Pferd sie nicht berühren kann.

4. Für Pferdeställe verwende man nur Spezial-Lichtschalter, die so konstruiert sind, daß ein beschlagenes Pferd, falls es einen mit den Zähnen faßt, nicht durch einen elektrischen Schlag getötet werden kann.

Die Einstreu

Einstreu ist aus folgenden Gründen notwendig:

1. Sie verhindert Verletzungen und regt das Pferd an, sich bequem hinzulegen.
2. Sie schützt bei Durchzug und hält die unteren Partien der Beine warm.
3. Sie regt das Pferd zum Stallen an und schont die Hufe und Gliedmaßen.
4. Sie wirkt als Absorbier- oder Dränagematerial.
5. Sie ist unter anderem ein Hilfsmittel, um die Pferde sauber- und die Luft reinzuhalten.

Streumaterialien

Man unterscheidet zwei Arten von Streumaterial:

1. Absorbierende Streu: ist dort von besonderem Vorteil, wo es keine Stalldränage gibt.
2. Durchlässige Streu: kann dort verwendet werden, wo eine gute Dränage vorhanden ist.

Absorbierende Einstreu:
Torfmull
Lohe
Sägemehl

Durchlässige Einstreu:
Stroh
Sand
Holzspäne nehmen eine Zwischenstellung ein.

Streumaterialien, gestaffelt vom niedersten bis zum höchsten Absorptionsgrad:

1. Sand (absorbiert nur ein Viertel des Eigengewichts an Wasser)
2. Weizenstroh
3. Haferstroh
4. Gerstenstroh
5. Torfmull (absorbiert 6 bis 10mal das Eigengewicht an Wasser)
6. Holzspäne
7. Sägemehl
8. Lohe

Vergleich der verschiedenen Streumaterialien

Sand
Gute Einstreu in heißem, trockenem Klima, wird aber in feuchten Gegenden zu kalt. Pferde können schlimme Koliken bekommen, wenn sie Sand fressen. Es soll auch nie Meersand verwendet werden, den die Pferde wegen des Salzgehaltes auflecken könnten.

Stroh
Altes Stroh ist besser als neues, trockener und elastischer, vorausgesetzt, daß es gut gelagert worden ist. Was für eine

Art auch immer verwendet wird, die Qualität muß einwandfrei sein. Wird Stroh zuviel herumgeworfen und gebrochen, verliert es an Elastizität und Haltbarkeit. Kurzes Stroh ist sparsamer als langes, aber schwieriger zu handhaben.

a) Weizenstroh

Wird allgemein als das beste angesehen, ist leicht, haltbar und wird gewöhnlich nicht gefressen.

b) Haferstroh

Manchmal billiger, aber weniger strapazierfähig als Weizenstroh. Eignet sich gut als Einstreu, hat allerdings den Nachteil, daß es oft von den Pferden gefressen wird (Haferstroh hat einen niedrigen Futterwert und wird oft als Ballaststoff gefüttert; bei Sportpferden aber meist unerwünscht).

c) Gersten- und Roggenstroh

Billigstes Stroh, aber in Aussehen und Strapazierfähigkeit minderwertig. Die Grannen des Gerstenstrohs können beim Pferd Juckreiz und Hautentzündungen hervorrufen. Gersten- und Roggenstroh können auch zu Kolik (s. S. 145) führen, wenn sie gefressen werden. Von einem Mähdrescher geschnitten ist Gerstenstroh hingegen meist frei von Grannen und bildet so eine recht gute Einstreu.

Torfmull

Die Angaben über Sägemehl und Holzspäne gelten ebenfalls für Torfmull. Torf ist von dunkler Farbe und verlangt ebensoviel Pflege wie Sägemehl. Er ist ein ausgezeichnetes (aber teures) Streumaterial, wenn die nassen und beschmutzten Stellen häufig entfernt werden und die ganze Einstreu täglich mit der Mistgabel gelockert und durchgerecht wird. Torfmull kann (beim ersten Einstreuen) staubig sein.

Holzspäne

Die Bemerkungen zum Sägemehl gelten auch für Holzspäne, aber letztere stauben weniger. Heute in manchen Gegenden in zweckmäßigen Ballen erhältlich, was die Handhabung erleichtert. Gute Einstreu. Sowohl Holzspäne wie auch Sägemehl müssen jedoch ständig kontrolliert, und der Kot muß häufig entfernt werden. Diese Einstreu wird nicht gefressen, was für dämpfige Pferde etc. vorteilhaft ist. Gut geeignet bei einer Kombination von Streumaterialien, wobei das Sägemehl die untere Schicht bildet.

Sägemehl

In vielen Gegenden billig, außerdem sparsam. Muß trocken und gut gelagert sein. Nadelholz-Sägemehl wirkt geruchbindend. Es kann allerdings die Ablaufrohre verstopfen, falls nicht im voraus Gegenmaßnahmen getroffen werden. Sägemehl ist einfach sauberzuhalten und leicht zu handhaben.

Was auch immer als Einstreu verwendet wird — wesentlich ist, daß sie saubergehalten wird, daß also Kot und beschmutzte Stellen täglich entfernt werden und das weggenommene Material durch frisches, sauberes ersetzt wird.

Die Matratzenstreu

Die Grundlage bildet eine 10 bis 15 cm hohe Mischung aus Torf oder Sägemehl mit gelöschtem Kalk, der die Ammoniakgase bindet; darüber wird eine Lage Stroh geschichtet. Diese „Matratze" darf nicht durchmischt oder mit der Mistgabel durchstochen werden, sondern soll sich zu einer festen Platte zusammenfügen. Der Mist muß täglich entfernt und das beschmutzte Stroh ersetzt werden. Die ganze Matratze wird nur alle 3 bis 6 Monate entfernt und erneuert.

Die Matratzen- oder Permanentstreu erspart bei richtiger Pflege Arbeit und Stroh; sie ist außerdem ein guter Wärmeerzeuger, hat allerdings den Nachteil, unter Umständen eine Brutstätte für Parasiten zu sein.

Die Wechselstreu

Sie besteht aus einer direkt auf den Boden gestreuten dicken Lage Stroh. Mist und urinfeuchte Stellen werden täglich entfernt und ersetzt, eventuell sogar die gesamte Streu. Diese Art Einstreu ist weniger sparsam und hält weniger warm, ist aber wesentlich hygienischer als die Matratzenstreu.

Eigenschaften guter Einstreu

Um die nötigen Voraussetzungen für Gesundheit, Komfort, Sauberkeit und Sparsamkeit zu erfüllen, sei die Einstreu

1. trocken,
2. weich,
3. Flüssigkeiten und Gase absorbierend,
4. sauber im Gebrauch,
5. leicht erhältlich,
6. in gutem Zustand,
7. ein guter Wärmeleiter,
8. unschädlich, falls sie gefressen wird,
9. von heller Farbe, um einen freundlichen Eindruck zu machen, und
10. leicht zu beseitigen.

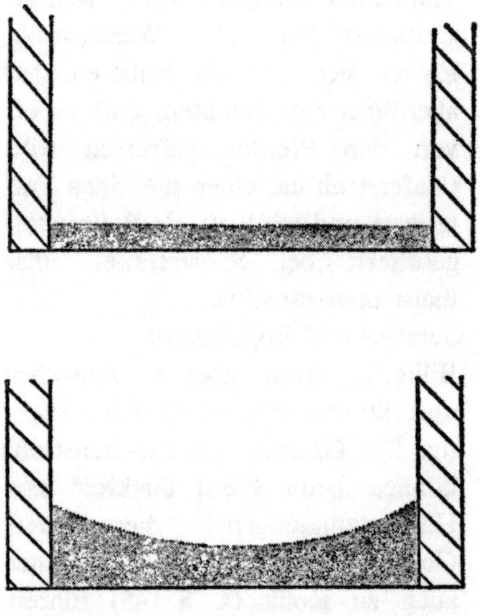

Bild 4. Einstreu – oben falsch, unten richtig eingestreut (erhöhte Ränder)

Wirkungen der Einstreu auf den Pferdehuf:

Sägemehl, Lohe und Torfmull sind schlechte Wärmeleiter. Diese Materialien können sich überhitzen und durchnäßt werden, so daß sie bei Vernachlässigung für die Hufe schädlich sind.

Wird die Einstreu nicht sauber- und trockengehalten, kann das Pferd Strahlfäule (s. S. 108) bekommen, was zu Hufkrebs (s. S. 109) und Trachtenzwang führt; die Verwurmung wird ebenfalls beträchtlich zunehmen. Bei richtiger Handhabung werden die Pferdehufe keinen Schaden erleiden.

Stroh ist ein guter Wärmeleiter. Als Einstreu hält es die Hufe des Pferdes kühl und hat keinerlei nachteilige Wirkungen auf sie.

II Die Pferdepflege

Tägliche Routine-Arbeiten

Pferde sind Gewohnheitstiere und fühlen sich am wohlsten, wenn sie nach einem möglichst regelmäßigen Plan gepflegt werden. Der nachfolgende Plan für die täglichen Arbeiten ist als Anregung gedacht und kann selbstverständlich an die jeweiligen Bedingungen angepaßt werden.

6.30 Uhr (Morgendienst):
Das Pferd wird kontrolliert, um sicherzustellen, daß es sich während der Nacht nicht verletzt hat. Es sollte einem entgegenschauen, wenn man den Stall betritt. Zeigt es kein Interesse, ist vielleicht nicht alles in Ordnung. Man kontrolliere, ob es die letzte Portion Futter und das Heu gefressen hat und ob die übliche Anzahl von normal aussehenden Pferdeäpfeln in der Box ist. Der Kot soll gut geballt und von gelbbrauner Farbe sein, darf keine unverdauten Körner enthalten und nicht schlecht riechen.

Halfter anlegen, gegebenenfalls Decken ordnen, tränken.

Eine kleine Menge Heu füttern, um das Pferd zu beschäftigen, und es nötigenfalls anbinden.

Ausmisten, Hufe in den Mistkorb ausräumen.

Decken abnehmen und Pferd rasch überputzen (d. h. Mistflecken und oberflächlichen Schmutz wegbürsten, mit zwei Schwämmen die Augen und Nüstern, beziehungsweise Schweifrübe und After waschen, Mähne und Schweif durchbürsten).

Decken wieder auflegen.

7.30 Uhr:
Erste Portion Kraftfutter.

9.00 Uhr:
Mist entfernen.

Decken abnehmen und satteln.

Pferd bewegen.

Nach der Arbeit werden Zaum und Sattel abgenommen und das Pferd darf stallen und trinken, bevor man ihm das Halfter anlegt und es zum Putzen anbindet.

11.30 Uhr:
Putzen.
Tagesdecke auflegen.
Wassereimer nachfüllen.
Zweite Portion Kraftfutter und volles Heunetz geben.
Stall und Hof in Ordnung bringen.
16 Uhr:
Pferd anbinden.
Mist entfernen.
Hufe ausräumen.
Einstreu auflockern.
Tagesdecke wegnehmen und Nachtdecke auflegen.
Wassereimer nachfüllen.
16.30 Uhr:
Halfter abnehmen.
Dritte Portion Kraftfutter.
Sattelzeug reinigen.
19.00 Uhr:
Mist entfernen und Einstreu auflockern.
Wassereimer nachfüllen.
Volles Heunetz beziehungsweise letzte Heuration verabreichen.
Vierte Portion Kraftfutter.

Ausmisten

Stallgeräte
Zum Ausmisten benötigt man bei einer Einstreu von
Stroh: Fünfzinkengabel oder Mistgabel, Besen, Schaufel, Mistkarren;
Holzspänen, Sägemehl, Torfmull: Zehnzinkengabel, Schaufel, Besen, Grasrechen, Mistkarren.
Außerdem wird bei allen Arten von Einstreu ein Mistkorb benötigt, am besten aus Gummi oder Plastik, um Verletzungen zu verhindern.

Stroh
Die beschmutzten Teile der Einstreu und der Mist werden entfernt, der Boden gesäubert und frisch eingestreut. Die Kunst des guten Ausmistens besteht darin, das Stroh richtig auszuschütteln. Man beginnt an der Tür und wirft das saubere Stroh nach hinten oder auf eine Seite der Box. Durch das Schütteln fällt das schwerere, beschmutzte Stroh durch die Zinken der Gabel. Das ist die sparsamste Methode im Strohverbrauch. Nasses Stroh trocknet an der Sonne und kann wieder verwendet werden, so daß man es nach Möglichkeit entfernt und zum Trocknen ausbreitet.
Bei Wechselstreu muß der Boden mindestens alle zwei Tage gründlich gewischt und getrocknet werden. Deshalb häuft man am einen Tag das saubere Stroh auf der rechten Seite und am nächsten Tag auf der linken Seite der Box auf. Besonders auf gestampften Lehmböden bilden sich nasse Stellen. Diese sollen jeden zweiten Tag mit Kalk bestäubt werden, um unangenehme Gerüche zu vermeiden. Dann das Stroh zurücklegen und gut schütteln, so daß es gleichmäßig verteilt ist.
Die Höhe wird mit der Gabel geprüft, wobei diese nicht bis auf den Boden durchdringen soll.

Holzspäne
Mit der Gabel Mist und sehr nasse Sägespäne entfernen. Dann die trockenen Späne von den Wänden gegen die Mitte der Box rechen, um eine gleichmäßige Höhe der Einstreu zu erreichen. Frische Späne nachfüllen.

Sägemehl
Genauso vorgehen wie bei Holzspänen oder die oberste Schicht (5 cm) auf einen Haufen zusammenrechen, in einen Drahtkorb schaufeln und durchschütteln. Das nasse, im Korb zurückbleibende Sägemehl und den Mist in den Karren leeren. Wiederholen, bis alle beschmutzte Einstreu entfernt ist. Die Oberfläche rechen, aber nicht tief graben.

Torfmull
Wie Sägemehl behandeln.
Nach dem Ausmisten wird, falls keine Selbsttränken vorhanden, der Wassereimer ausgewaschen, wieder gefüllt und in die Box gehängt.

Der Misthaufen

Falls nur eine kleine Mistgrube in der Nähe der Stallungen besteht, muß sie häufig geleert werden.
Wird der Mist aufgehäuft und verrottet, soll man eine Stelle in genügender Entfernung der Stallungen wählen. Man bilde drei Haufen: 1. der älteste, gut verrottete Mist, der zur Verwendung im Garten bereit ist; 2. noch nicht so stark verrotteter Mist; 3. laufend frisch aufgehäufter Mist.
Misthaufen sollen fest geschichtet (niedertreten oder mit der Schaufel klopfen) und sauber geformt sein. Dies fördert die Zersetzung, und die entwickelte Wärme verhindert das Brüten von Fliegen.
Die Beseitigung von Holzspänen, Sägemehl und Torfmull kann Schwierigkeiten bereiten, so daß in einiger Entfernung vom Stall genügend Platz nötig ist.

Das Anbinden des Pferdes

Pferde tragen im Ständer ein Halfter und werden mit einem Strick, der auf der rechten Seite am Ring des Nasenriemens befestigt ist, entweder am Krippenring angebunden oder man führt den Strick durch den Krippenring und befestigt ihn an einem Holzklotz. Der Klotz hängt am Ende des Strickes und reguliert, je nach den Bewegungen des Pferdes, die Länge des Stricks. Das Pferd kann sich nicht mit den Beinen darin verfangen, was in einem Ständer von wesentlicher Bedeutung ist.
Um das Pferd kurz anzubinden, befestige man den Strick an einem in Augenhöhe an der Wand angebrachten Ring. Man verwende dabei immer einen schnell lösbaren Knoten (s. Bild 5).
Um ein Pferd beidseitig im Ständer anzubinden, drehe man es im Ständer um und befestige die Zügel oder Ketten, die an den Standpfosten hängen, an den seitlichen Ringen des Halfters (s. Bild 5).

Weidegang

Das Pferd wird entweder zur Bewegung oder zum Grasen auf die Weide gebracht. Man führt es an einer Führleine, die mit beiden Händen gehalten wird, zur Weide. Man soll dabei nie versuchen, das Pferd zu zerren; gewöhnlich reagiert es auf einen kurzen Ruck an der Leine. Führleine oder Zügel sollten

Bild 5. So wird das Pferd mit einem nicht gleitenden, schnell lösbaren Knoten richtig angebunden.

nie um Hand oder Handgelenk gewikkelt werden. Das Pferd wird durch das Gattertor geführt und gewendet, so daß es nach außen schaut. Das Tor wird geschlossen und die Führleine in Ruhe abgenommen. Falls das Pferd zur Bewegung auf einen kleinen, abgeschlossenen Platz gebracht wird, soll man 5 oder 10 Minuten am Führzügel longieren, weil viele Tiere einfach stehen bleiben, wenn sie allein auf die Weide gebracht werden. Man kann das Pferd aber auch normal longieren. In diesem Fall wird die Longe entweder am Halfter oder am Kappzaum eingeschnallt und das Pferd im Schritt und Trab longiert, wodurch es auch daran gehindert wird, sich im Schmutz zu wälzen.

Bewegung und Arbeit

Unterschied: Das Pferd braucht *Bewegung,* um gesund und fit zu bleiben, ohne sich übermäßig anstrengen zu müssen oder Kondition einzubüßen. Die übliche Form der Bewegung besteht aus langem, gleichmäßigem Traben auf gutem Boden. Die *Arbeit* umfaßt dagegen

Galopparbeit, Dressurarbeit, Springen, Jagd- und Schaureiten, was alles mit mehr oder weniger Anstrengung verbunden ist.
Bewegung und Arbeit müssen aufeinander abgestimmt sein, um das Pferd gesund und bei Kondition zu halten. Um das Pferd während schweren Frostperioden oder bei Schnee und Eis trotzdem im Freien bewegen zu können, lege man eine kreisförmige Bahn aus Stroh an (gute Verwendung für den Misthaufen).

Abendstalldienst

Mist entfernen (Mistkorb benützen) und die Hufe ausräumen. Die Einstreu auflockern, wenn das Pferd den ganzen Tag in der Box stand, oder frisch einstreuen, wobei das Stroh geschüttelt wird. Wo Holzspäne oder Sägemehl verwendet werden, soll je nach Bedarf mehr Material eingestreut werden. Den Wassereimer auswaschen und nachfüllen.
Füttern: Wird viermal gefüttert, soll der Hauptteil des Heus nach der vierten Fütterung verabreicht werden. Andernfalls wird um ca. 17 oder 18 Uhr die Hauptration Heu verabreicht und zwischen 20 und 21.30 Uhr getränkt sowie die letzte Portion Futter gegeben.
Ein Nachfüllen des Wassereimers am späten Abend ist wünschenswert. Damit versichert man sich, daß das Pferd während der Nacht genügend Wasser hat. (Es wird trinken, nachdem es das Heu fertig gefressen hat, weshalb der Eimer ohnehin nach der letzten Fütterung nachgefüllt werden muß.) Bei der späten Tränkung hat man außerdem Gelegenheit zur Kontrolle, ob alles für die Nacht in Ordnung ist.

Allgemein zu beachten:

Man halte sich, wenn möglich, immer an einen festen Tagesplan. Nur bei der Bewegung wird eine Ausnahme gemacht: die Route soll abwechslungsreich sein.
Das Pferd soll während des Tages wiederholt kontrolliert werden, doch muß es genügend Gelegenheit zur vollständigen Ruhe und Erholung haben.
Man soll das Pferd immer ansprechen, bevor man die Box betritt oder es berührt.
Man bewege sich ruhig und suche die Reaktionen des Pferdes vorauszusehen.

Das Putzen des Pferdes

Unter Putzen versteht man die tägliche Pflege der Hufe und des Felles im Stall gehaltener Pferde.

Zweck des Putzens

Die Haut ist ein lebenswichtiges Organ, und ihre Pflege ist ebenso wesentlich für die Gesundheit des Pferdes wie für sein Aussehen. Pferde, die im Stall gehalten werden, führen kein natürliches Leben, wo sie sich wälzen und bewegen können, wie es ihnen am besten paßt. Deshalb leiden Haut und Hufe, wenn sie nicht richtig gepflegt werden. Beim Putzen werden Abfallprodukte entfernt, Blut- und Lymphzirkulation werden stimuliert und die Muskelspannkraft verbessert. Es trägt zur Bewahrung der Kondition und zur Verhütung von Krankheiten bei. Außerdem verbessert Putzen das Aussehen des Pferdes und hilft auch wesentlich, ein junges Pferd zutraulich zu machen.

Putzwerkzeuge

Hufkratzer
Zum Ausräumen der Hufe (s. S. 28).

Wurzelbürste
Um hartnäckige, eingetrocknete Schmutzkrusten und Staub zu entfernen. Besonders geeignet zur Pflege von Pferden auf der Weide. Darf bei Vollblütern oder vor kurzem geschorenen Tieren nur sehr sparsam und sachte verwendet werden. Nicht für Kopf, Mähne oder Schweif benutzen!

Kardätsche
Um Staub, Schorf und Fett aus Fell, Mähne und Schweif zu entfernen.

Striegel
Aus Metall oder Gummi, um die Kardätsche zu reinigen. Striegel aus Gummi können für Pferde mit dickem Fell auch verwendet werden, um verkrusteten Lehm und Schmutz zu beseitigen, besonders im Frühling beim Haarwechsel. Er wird dann mit sachten, kreisförmigen Bewegungen und nie über knochige Stellen, das heißt am Kopf oder an den Unterschenkeln, geführt.

Wasserbürste
Wird feucht für Mähne, Schweif und Hufe benützt.

Schwämme
Einer, um Augen, Nüstern und Maulgegend zu reinigen, einer für After und Schweifrübe.

Whisp (Heuwisch)
Zur Anregung des Kreislaufs und zur Massage. Ein Whisp wird aus Heu (oder Bast) zusammengedreht, leicht angefeuchtet und an einer Wand glatt geschlagen.

Mähnen- und Schweifkamm
Gewöhnlich aus Metall. Kann benutzt werden, um bei Ponys, die auf der Weide gehalten werden, verknotete Mähnen und Schweife auszukämmen. Wird jedoch im allgemeinen als Hilfe beim Verziehen von Mähne oder Schweif verwendet.

Staublappen
Für den letzten Glanz nach dem Putzen.

Schweißmesser
Lange, flexible Klinge aus glattem Metall, die verwendet wird, um Schweiß oder Wasser aus dem Fell abzuziehen.

Pferdeschere
(von Hand oder elektrisch betrieben) und/oder gewöhnliche Schere werden zum Frisieren gebraucht (s. S. 35 f.).

Pferde-Staubsauger
Heute gibt es viele ausgezeichnete Mo-

Bild 6. Putzzeug

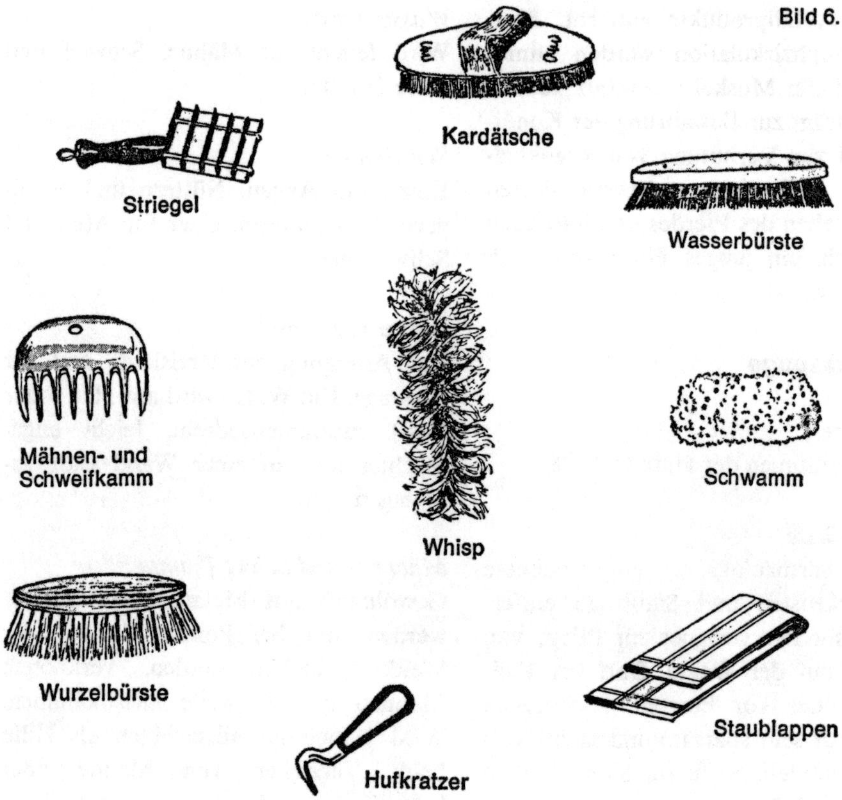

delle auf dem Markt. Vernünftig angewandt, sind sie in großen Ställen eine gute Hilfe. Bei korrekter Verwendung werden die Pferde jeden zweiten oder dritten Tag mit der Maschine geputzt und an den übrigen Tagen mit dem Whisp massiert.

Wie wird geputzt?

Man sollte alle obenerwähnten Gegenstände (bis auf den Staubsauger) zur Hand haben. Am besten bewahrt man sie in einer Putzkiste oder in einem Drahtkorb auf. Außerdem wird ein Eimer voll Wasser benötigt.

1. Dem nicht schwitzenden, trockenen Pferd Halfter anlegen und Decke entfernen (falls eine getragen wird). Wird das Pferd im Stall geputzt, bindet man es beidseitig kurz an; falls im Freien geputzt wird (was im Sommer häufig angenehmer ist), bindet man es an einem soliden Ring an der Außenmauer des Stalles oder an einem Baum an.
2. Hufe mit dem Hufkratzer ausräumen. Die Füße werden der Reihe

nach aufgehoben (es ist zulässig, die rechten Füße von der linken Seite aufzuheben), und alles, was sich an Fremdkörpern im Huf befindet, wird mit der Spitze des Hufkratzers *von hinten nach vorn* (s. Bild 7) entfernt. Auf diese Weise kann nämlich der Hufkratzer die weichen Teile des Strahls nicht verletzen. Die Strahlfurche wird von Schmutz befreit und gleichzeitig kontrolliert, ob Zeichen von Strahlfäule (s. S. 108) vorhanden sind. Das Eisen wird beklopft, um sicherzustellen, daß es fest sitzt, und mit der Fingerspitze fährt man um die Nieten und schaut, ob keine gelockert sind. Es ist sinnvoll, beim Ausräumen der Hufe einen Mistkorb so nahe hinzustellen, daß der Schmutz direkt dort hineinfällt, sonst muß der Schmutz nach dem Ausräumen extra beseitigt werden.

3. Mit der Wurzelbürste oder dem Gummistriegel werden alle Schmutzkrusten, Schweißflecken etc. vom Pferdekörper entfernt. Man beginnt auf der linken Seite am Genick und arbeitet nach und nach über den ganzen Körper, wobei besondere Sorgfalt für Sattel- und Gurtenlage, Bauch, Sprunggelenkspitzen, Fesselgelenke und Fesseln aufgewendet wird. Die Wurzelbürste wird in der rechten Hand gehalten und hin und her oder kreisförmig bewegt. Sie sollte nicht für die empfindlichen Körperstellen verwendet werden. Beim Putzen der Hinterbeine hält man den Schweif mit der freien Hand fest. Auf diese Weise kann das Pferd einem nicht damit ins Gesicht peitschen, und außerdem hindert man ein kitzliges Pferd am Ausschlagen. Man stelle sich nie direkt hinter das Pferd, sondern immer leicht seitlich. Man sollte auch nie neben dem Pferd sitzen oder knien, um die Unterschenkel zu bürsten, sondern sich immer beugen oder kauern.

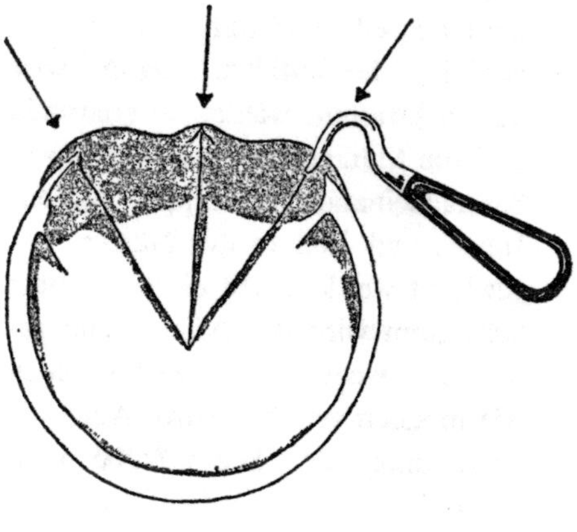

Bild 7. So wird der Huf ausgeräumt.

4. Die Kardätsche hat kurze, dichte Borsten, die durch das Fell bis auf die Haut dringen. Mit der Kardätsche in der linken Hand und dem Striegel in der rechten, beginnt man auf der linken Seite des Pferdes am Genick zu putzen. Man arbeitet nicht zu nahe am Pferd, sondern mit leicht gebeugtem Arm und flexiblem Handgelenk, wobei man sein ganzes Gewicht auf die Bürste legen kann. Die Kardätsche wird in kurzen, bogenförmigen Bewegungen in Haarwuchsrichtung bewegt, niemals hin und her. Nach jedem vierten oder

fünften Strich reinigt man die Kardätsche, indem man sie kräftig über den Striegel zieht und den dort zurückbleibenden Schmutz auf der Stallgasse beziehungsweise am Boden ausklopft.

Wenn die linke Seite fertig ist, geht man auf die rechte herum und wechselt die Hände. Bevor man die rechte Seite putzt, wird die Mähne auf die andere Seite des Halses gelegt und der Mähnenkamm gut durchgebürstet. Dann fährt man fort, die rechte Seite des Pferdes zu putzen und bürstet anschließend die Mähne. Man beginnt damit am Widerrist und steckt dazu einen Finger der freien Hand in die Mähne, trennt ein paar Strähnen und bürstet zuerst deren Enden, um die Knoten zu lösen. Dann bürstet man die Wurzeln. Man arbeitet sich langsam den Hals hinauf, wobei jeweils nur ein paar Strähnen auf einmal behandelt werden. Um den Kopf zu putzen, löst man das Halfter und befestigt es als Halsriemen, damit das Pferd nicht weglaufen kann. Der Striegel wird abgelegt, und mit der freien Hand stützt man den Kopf des Pferdes. Es muß sachte vorgegangen werden, um Verletzungen an den empfindlichen und knochigen Stellen zu vermeiden. Nachdem der Kopf fertig geputzt ist, legt man das Halfter wieder normal an. Zum Schluß wird der Schweif gebürstet. Wiederum faßt man nur ein paar Strähnen auf einmal und beginnt am unteren Ende. Man arbeitet langsam gegen die Wurzel hinauf und löst die Knoten vorsichtig auf, ohne dabei Haare auszureißen. Die Wurzelbürste soll nie für Mähne oder Schweif benützt werden, da sie die Haare ausreißt oder abbricht!

5. Mit dem leicht angefeuchteten Whisp wird das Pferd kräftig in Haarwuchsrichtung massiert. Diese Form der Massage entwickelt und stärkt die Muskeln, bringt Glanz ins Fell, weil man damit Fett aus den Hautdrüsen herauszieht, und sorgt für verbesserte Blutzirkulation. Besondere Aufmerksamkeit sollte auf jene Stellen verwendet werden, wo die Muskeln hart und flach sind, das heißt, auf der Seite des Halses, auf der Hinterhand und den Oberschenkeln. Alle knochigen Stellen und die empfindliche Lendengegend dürfen nicht massiert werden.
6. Ein Schwamm wird in einem Eimer voll warmem Wasser ausgedrückt, so daß er weich, sauber und feucht ist. Zuerst werden die Augen gewaschen, wobei man von den Winkeln wegreibt und dann um die Augenlider herumfährt. Dann wird der Schwamm wieder ausgedrückt und die Maulgegend gewaschen, wobei nacheinander die Lippen und das Innere und Äußere der Nüstern abgewischt werden. Mit einem zweiten Schwamm wird die Aftergegend gewaschen, wozu der Schweif so hoch wie möglich gehoben wird. Auch die Haut unter der Schweifrübe wird gewaschen.

Das Abwaschen erfrischt das im Stall

gehaltene Pferd und wird von ihm meist sehr geschätzt.

7. Die Mähne wird „gelegt“: Die Borstenenden der Wasserbürste werden im Eimer angenetzt und die Mähne von den Wurzeln nach unten flachgebürstet. Die Mähne wird in der gewünschten Lage leicht feucht liegengelassen.
8. Die Hufe werden mit einer Seite der Wasserbürste gewaschen. Der Daumen der Hand, die den Fuß hält, wird fest in die Fesselbeuge gepreßt, damit sich dort kein Wasser ansammeln kann. Bei kaltem Wetter verzichtet man am besten auf das Waschen der Hufe.
9. Wenn der Huf trocken ist, wird er mit einem kleinen Pinsel mit Huföl ganz eingefettet. Man beginnt bei Sohle und Strahl, wobei die Ballen nicht vergessen werden dürfen, und pinselt die Hufwand hinauf bis zur Krone. Das Einfetten verbessert nicht nur das Aussehen des Pferdehufes, sondern ist gut gegen spröde und gespaltene Hufe.
10. Mit dem Staublappen wird das ganze Pferd nachgerieben, um die letzten Staubreste vom Haarkleid zu entfernen. Das Tuch wird flach gefaltet, angefeuchtet und dann in Haarwuchsrichtung über das Fell geführt.

Ein erfahrener Pferdepfleger braucht pro Pferd ungefähr 1/2 bis 3/4 Stunden, ein Anfänger braucht länger.

Gründlichkeit macht sich immer bezahlt, denn ein gut gepflegtes Tier ist nicht nur ein schöner Anblick, sondern auch widerstandsfähiger gegen Erkrankungen.

Wann wird geputzt?

1. *Schnelles Überputzen:* Als erstes am Morgen. Hufe ausräumen, Augen, Nüstern und Aftergegend abwischen. Das ganze Pferd wird rasch durchgebürstet. Besondere Aufmerksamkeit gebührt der Entfernung von Flecken an den Flanken, wenn nötig, mit Schwamm und Wasser. Zweck dieses Überputzens ist, daß das Pferd bei der Morgenarbeit einen ordentlichen Eindruck macht.
2. *Gründliches Putzen:* Am besten nach der Arbeit, bei warmer Haut und offenen Poren, wobei Staub und Schorf leicht an die Oberfläche gelangen. Wird aber das Pferd nach der Arbeit erst gefüttert, so lasse man ihm genügend Zeit, um ungestört zu fressen.
3. *Letztes In-Ordnung-Bringen:* Am Abend, wenn die Box in Ordnung gebracht wird. Hufe ausräumen, Pferd leicht durchbürsten und mit dem Whisp massieren, wenn die Zeit es erlaubt.

Das Waschen des Pferdes

Rennpferde werden gewöhnlich gewaschen, wenn sie nach einem Rennen naßgeschwitzt sind, doch soll ein Bad nicht die normale Pflege ersetzen oder abkürzen. Ein Pferd darf nie gewaschen werden, wenn es nicht anschließend völlig getrocknet werden kann, da es für Erkältungen sehr empfindlich ist. Bei

heißem, trockenem Wetter, wenn das Pferd nach der Arbeit verschwitzt ist, wird es ein Bad sehr schätzen. Es muß aber vorher so lange Schritt gegangen sein, bis es völlig abgekühlt oder sogar ganz trocken ist. Wenn ein Pferd noch schwer atmet, darf es niemals stillstehen und gewaschen werden.
Man verwendet warmes Wasser und Pferdeschampon oder milde Seife. Mit dem Wasser nicht sparen und gründlich spülen! Das im Fell zurückbleibende Wasser wird mit dem Schweißmesser abgezogen, und mit einem sauberen, feuchten Schwamm trocknet man den Rest auf. Dann reibt man das Pferd so gut wie möglich trocken, mit besonderer Aufmerksamkeit für Beine und Fesselbeugen. Anschließend führt man es (möglichst im Sonnenschein), bis es ganz trocken ist, und bürstet es zum Schluß mit der Kardätsche ganz durch.

Das Pferd auf der Weide

Der Putzvorgang wird etwas abgeändert, wenn das Pferd auf der Weide gehalten wird.
Die Kardätsche dient normalerweise dazu, Fett und Schuppen aus dem Haarkleid des Pferdes zu entfernen. Man wird sie aber für ein Pferd, das sich täglich wälzt oder langes Winterhaar hat, nicht verwenden. Außerdem benötigt das im Freien gehaltene Pferd dieses Fett, um den Körper warmzuhalten und das Fell wasserabstoßend zu machen. Auf alle Fälle wird die Haut eines Tieres, das ein natürliches Leben führt, in gesundem Zustand sein.
Man beschränkt sich daher auf die Hufpflege, gutes Durchbürsten mit Wurzelbürste oder Striegel, um Schmutzkrusten zu entfernen, Pflege von Mähne und Schweif mit der Kardätsche, und das Abwischen von Augen, Nüstern und Aftergegend mit dem Schwamm.

Scheren und Frisieren

Zweck des Scherens

Die Kondition des Pferdes kann während der Wintermonate aufrechterhalten werden, ohne daß es übermäßig schwitzt. Man ermöglicht dem Pferd, länger und schneller zu arbeiten, ohne daß es ihm beschwerlich wird.
Ein geschorenes Pferd ist leicht zu putzen (Arbeitsersparnis) und leichter zu trocknen, weshalb weniger Erkältungsgefahr besteht.
Anmerkung: Nachdem ein Pferd geschoren ist, bildet die Natur als Schutz gegen Kälte unter der Haut eine Fettschicht aus. Diesem Vorgang kann nachgeholfen werden, indem man nach dem Scheren die Futterration des Pferdes während ein paar Tagen erhöht.

Wann wird geschoren?

Das erstemal wird etwa Anfang Oktober geschoren, wenn das Winterfell vollständig ist.
Das Fell wächst nach dem Scheren natürlich weiter. Man schere so oft wie nötig, bis Weihnachten gewöhnlich alle drei Wochen. Man soll nicht mehr sche-

ren, sobald sich das Sommerfell bildet. Man schere nur noch einmal nach Weihnachten, und zwar nicht später als in der letzten Januarwoche.

Verschiedene Scherfrisuren

Volle Schur
Für Pferde, die hart gearbeitet werden (Jagdpferde). Das ganze Fell wird abgeschoren, aber gewöhnlich nur bei der ersten Schur. Danach empfiehlt sich eine Hunterschur.

Hunterschur
Die Beine bis zu den Ellbogen und Oberschenkeln und die Sattellage werden nicht geschoren. Die an den Beinen belassenen Haare schützen diese vor Kälte, Dornen, Schmutz und Mauke (s. S. 138). Die in der Sattellage belassenen Haare schützen den Rücken vor Druck und heißen Stellen.

Deckenschur
Für Pferde, die leicht gearbeitet werden. Die Haare werden an Hals und Bauch entfernt und auf dem Rest des Körpers in Deckenform belassen (s. Bild 8).

Streifenschnitt
Die Haare werden am Bauch, am oberen Teil der Beine und manchmal an der Unterseite des Halses geschoren.

Wo wird nicht geschoren?

1. *Sinushaare*
   Diese sind die wichtigsten Tastorgane des Pferdes und sollten nicht entfernt werden. Ausnahme: Bei ständig im Stall gehaltenen Tieren kann man sie zur Verbesserung der äußeren Erscheinung entfernen.
2. *Ohren*
   Sie dürfen innen nie geschoren werden, aber die vorstehenden Haare

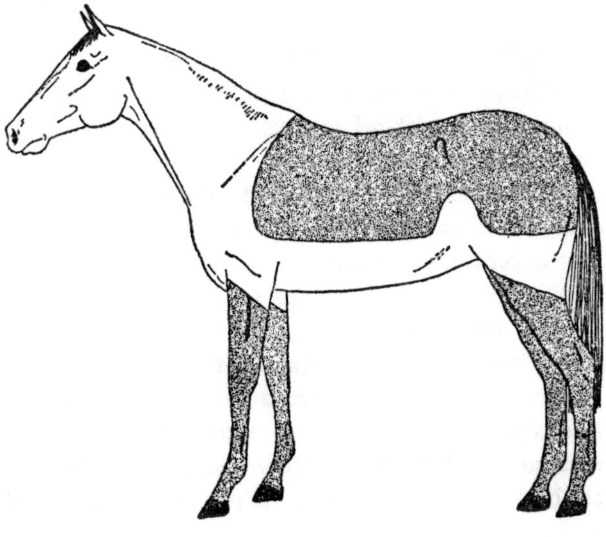

Bild 8. Deckenschur

können mit dem Rand bündig abgeschnitten werden. Die Haare im Innern der Ohren sind ein Schutz gegen Kälte und gleichzeitig ein Filter gegen Schmutz und Insekten.

3. *Vereinzelte lange Haare*
   Diese können abgesengt werden (s. S. 35).
4. *Fesselbeuge und Fesseln*
   Hier können die langen Haare nötigenfalls mit Schere und Kamm zurückgeschnitten werden. Man denke jedoch daran, daß der Fesselbehang ein natürlicher Schutz gegen eine Ansammlung von Wasser in der Fesselbeuge ist, die Mauke hervorruft!

Das Scheren

Das Pferd muß trocken und gut geputzt, die Scherbox muß gut beleuchtet sein (möglichst bei Tageslicht scheren!).
Das Pferd soll sich zuerst an den Ton der Schermaschine gewöhnen dürfen, bevor diese eingesetzt wird.
Bevor man mit der Schur beginnt, wird mit Seife oder Kreide die gewünschte Scherfrisur markiert. (Für die Hunterschur wird das Pferd gesattelt und die Sattellage bezeichnet.)
Die Schermaschine soll nicht aufgedrückt werden. Das Gewicht des Scherkopfes genügt vollständig.
Es wird gegen den Strich und soviel wie möglich mit einem Schwung geschoren. Die schwierigen Stellen spart man bis zuletzt aus. Falls das Pferd zu schwitzen beginnt, ist es zwecklos, weiterzuscheren. Auch wenn die Schermaschine zu heiß wird, soll man aufhören, sie ausschalten und erst fortfahren, wenn sie ganz abgekühlt ist. Eine heiße Schermaschine macht das Pferd unruhig.

Pflege und Gebrauch der Schermaschine

1. Die Schermaschine muß immer geerdet sein.
2. Alle Kabel müssen so angeordnet sein, daß das Pferd nicht darauftreten kann.
3. Die Schermaschine soll immer in sauberem Zustand und gut geölt sein. Man kann die Klingen zur Reinigung in Waschbenzin laufen lassen, danach müssen sie getrocknet und geölt werden, um Rostbildung zu verhindern.
4. Man schere nie mit stumpfen Klingen, sondern lasse sie regelmäßig schleifen.
5. Man soll immer einen Reservesatz scharfer Klingen zur Hand haben.
6. Wenn die Schermaschine nicht in Gebrauch ist, soll sie gereinigt und geölt an einem sicheren, trockenen Ort aufbewahrt werden.
   Klingen und Scherkopf brechen sehr leicht, wenn die Schermaschine hinfällt!

Verschiedene Schermaschinen

Handschere: langsam und mühsam zu handhaben, aber praktisch für Sinushaare etc.
Von Hand bediente Radschermaschine: altmodisch, aber sehr geeignet für nervöse Pferde, da sie keinen Lärm macht. Erfordert das Beisein eines Helfers, der das Rad dreht.

Elektrische Schermaschinen:

a) Motor und Scherkopf in einem Stück: Der Motor wird in der Hand gehalten. Vorteil: leichte Handhabung, tragbar. Nachteil: überhitzt sich leicht und wird von Haaren verstopft.

b) Hängende Maschine: hat einen starken Motor und ist die beste Schermaschine, wenn viele Pferde geschoren werden müssen. Vorteil: überhitzt sich nicht. Nachteil: muß an einem sehr starken Dachbalken befestigt werden. Das Kabel von der Maschine zum Scherkopf ist schwer und umständlich zu handhaben und die Zuleitung ist kurz.

c) Auf dem Rücken getragene Maschine:
Vorteil: guter Motor und Bewegungsfreiheit bei der Arbeit. Nachteil: etwas schwer, Kabel nicht so leicht zu handhaben.

Das Absengen

Auf diese Weise werden die langen Haare, die vereinzelt an verschiedenen Körperstellen nach dem Scheren auftauchen, entfernt. Eine Senglampe mit einer kleinen Flamme wird rasch über den Körper geführt. Die Lampe muß ständig in Bewegung gehalten werden, um das Pferd nicht zu verbrennen.

Frisieren der Mähne

1. Verziehen

Zweck:
Lichtet eine zu dicke Mähne,
verkürzt eine lange Mähne,
läßt die Mähne flach liegen.

Ausführung:
Man verzieht die Mähne möglichst nach der Arbeit oder an einem warmen Tag, wenn die Poren geöffnet sind. Zuerst werden nach und nach die längsten Haare (nicht zu viele auf einmal!) um zwei Finger der rechten Hand gewikkelt, die kürzeren mit der linken oder mit einem Mähnenkamm nach oben geschoben und die langen Haare dann mit einem kurzen Ruck ausgezupft. Die Mähne soll nach dem Verziehen ca. vier Finger bis eine Handbreit lang sein. Normalerweise soll keine Schere oder Schermaschine für die Mähne verwendet werden.

2. Scheren

Zweck:
Die für die Mähnenpflege aufzuwendende Arbeit entfällt. Auch eine struppige Mähne, die das Aussehen des Pferdes beeinträchtigt, kann abgeschoren werden.

Ausführung:
Die Mähne wird (entweder mit einer gebogenen Fesselschere oder mit einer Schermaschine) vollständig abgeschoren. Der Kopf des Pferdes muß dabei tief gehalten und der Mähnenkamm gestreckt werden. (Ein Helfer stellt sich vor das Pferd, faßt die Ohren und drückt den Kopf sachte in die Tiefe.) Man arbeitet vom Widerrist gegen das Genick.

Die Mähne muß alle 3 bis 4 Wochen von neuem geschoren werden. Ist die Mähne einmal geschoren, braucht sie 2 Jahre, um voll nachzuwachsen und erreicht vielleicht nie wieder ihr früheres Aussehen.

3. Einflechten

Zweck:

Hals und Kamm werden ansprechend präsentiert.

Die Mähne wird auf die gewünschte Halsseite gewöhnt.

Das Pferd macht einen ordentlichen Eindruck.

Ausführung:

Die Mähne mit nasser Wasserbürste anfeuchten und in die gewünschte Anzahl gleich großer Teile unterteilen (immer eine gerade Zahl inklusive Schopf). Das Einflechten wird mit dem ersten Teil gleich hinter den Ohren begonnen. Nachdem 3/4 des Zopfes geflochten sind, nimmt man ein Stück Garn oder Wolle zum Mittelteil und flicht es mit den Haaren weiter. Wenn der Zopf fertig ist, verknüpft man das Fadenende fest um die Haare. Wenn alle Zöpfe fertig sind (sie sollten ungefähr von gleicher Länge sein, wenn die Mähne richtig verzogen ist), fädelt man jeweils beide Fadenenden in eine Nadel und steckt diese von unten in der Nähe des Kammes durch den Zopf. Die Nadel entfernen und den Faden fest um den Zopf binden. Die überstehenden Enden mit der Schere abschneiden. Der Zopf kann anstatt mit Garn auch mit einem Gummiband befestigt werden. Das Gummiband wird mehrmals über das Ende des fertigen Zopfes gespannt. Dann werden dessen Enden umgeschlagen und das Gummiband fest über den doppelten Zopf gespannt. Zum Schluß werden die Zöpfe mit Leinen-Klebeband umwickelt.

Frisieren des Schweifs

1. Verziehen

Zweck:

Verbessert das Aussehen. Vor allem wird die Hinterhand ansprechend präsentiert.

Ausführung:

Schweif gründlich verlesen und alle Knoten lösen. Man beginnt beim Schweifansatz und entfernt alle überflüssigen unteren Haare. Dann entfernt man die Haare gleichmäßig auf beiden Seiten des Schweifes. Man zieht jeweils nur wenige Haare gleichzeitig mit einem kurzen, scharfen Zupfen aus. Die Schweife von Pferden oder Ponys, die auf der Weide leben, sollten nicht verzogen werden, da sie die Fülle des Schweifes als Schutz gegen Witterungseinflüsse brauchen.

2. Abschneiden

Zweck:

Die Sprunggelenke werden besser präsentiert.

Der Schweif wird nicht zu dünn.

Es wird verhindert, daß der Schweif zuviel Schmutz aufnimmt.

Ausführung:

Ein Helfer hält den Arm unter die Schweifrübe. Das Schweifende wird in Höhe der Sprunggelenke waagrecht abgeschnitten.

Waschen des Schweifs

Zweck:

Reinigung und Verbesserung des Aussehens.

Ausführung:
Schweif sorgfältig verlesen, in einem Eimer warmem Wasser annetzen, mit reiner Kernseife oder Pferdeschampon einseifen und gut mit den Fingern durcharbeiten. Das Wasser erneuern und den Schweif gründlich spülen. Sanft mit den Händen ausdrücken und das restliche Wasser aus dem Schweif ausschwingen. Mit einer sauberen Kardätsche den Schweif ausbürsten, wobei nur wenige Haare auf einmal genommen werden dürfen. Mit einer sauberen, trockenen Schweifbandage bandagieren.
Anmerkungen: Regelmäßiges Bandagieren nach dem Verlesen trägt dazu bei, den verzogenen Schweif gut in Form zu halten. Er darf aber nicht die ganze Nacht bandagiert bleiben. Um den Schweif bei einem Transport zu schützen, soll er ebenfalls sorgfältig bandagiert werden.
Grundsätzlich gilt, daß alle Orientalen und im orientalischen Typ stehenden Pferde sowie alle Traber-, Kaltblut- und Ponyrassen nicht geschoren oder frisiert werden, sondern Mähne und Schweif naturbelassen tragen.

Pflege des Jagdpferdes und Tips für das Jagdreiten

Am Tag vor der Jagd

Das Pferd wird 1—2 Stunden normal bewegt.
Man überzeugt sich genau, daß das Tier völlig gesund ist und keinerlei Anzeichen einer Lahmheit hat. Fühlt sich ein Bein oder ein Huf warm an, so deutet dies auf eine Verstauchung, Zerrung oder Hufverletzung. Im Zweifelsfalle lieber auf die Jagd verzichten!
Hufbeschlag sowie Sattel- und Zaumzeug überprüfen, vor allem die Nahtstellen der Steigbügelriemen (Ersatzriemen mitzunehmen ist in vielen Notfällen nützlich!) sowie der Zügel. Prüfen, ob sich die Sicherheitsklappe am Steigbügelriemen (Bügelschloß) öffnet. Schnallen des Sattelgurts nachsehen.
Gegen 20 Uhr wird eine zusätzliche Kraftfuttermahlzeit verabreicht.

Vor dem Abritt zur Jagd

Das Pferd sollte mindestens 3 Stunden vor dem beabsichtigten Abritt gefüttert werden. Dann wie üblich Stallarbeit; man vermeide es, das Pferd durch eine Abänderung des Tagesplans nervös zu machen, da es sonst vielleicht nicht frißt.
Falls man zu der bevorstehenden Jagd mit frisiertem Pferd erscheint, warte man mit dem Einflechten der Mähne, bis das Pferd fertig gefressen hat.
Bei größeren Jagden erhält man zur Einladung einen Lageplan, auf dem das Stelldichein und die Jagdstrecke eingezeichnet sind. Dort finden sich dann meistens auch Angaben, wie in dem betreffenden Gebiet das Reiten im Wald gesetzlich geregelt ist. Danach wird man seine Anmarschroute zu wählen haben, wenn man „zu Fuß“, das heißt reitend, hinkommen will.
Begibt man sich in ein lehmiges Gelände, wird man am besten den Bauch und die

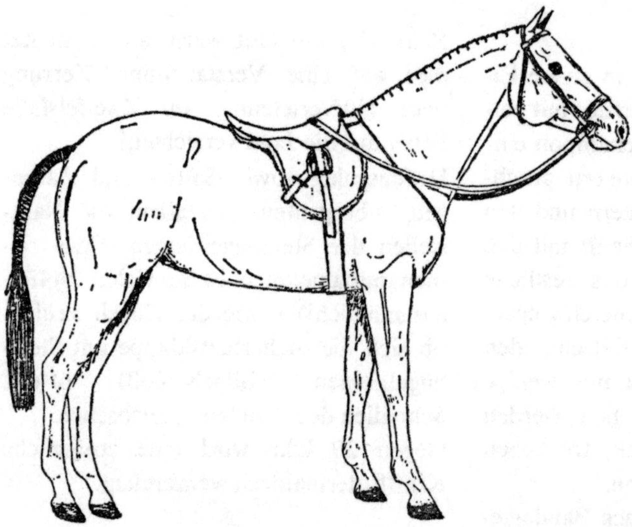

Bild 9. Fertig zur Jagd

Innenseiten der Oberschenkel des Pferdes leicht mit Olivenöl, Klauenöl oder flüssigem Paraffin einstreichen, damit der Lehm nicht kleben bleibt.
Die Sehnen oberhalb des Fesselkopfes massiert man mit verdünntem Spiritus. Damit beugt man Sehnenschäden vor und erfrischt die Sehnenpartien. Die Hufe werden ringsherum, vor allem an der Krone, sorgfältig eingefettet. Die Fesselbeugen werden zur Verhütung von Mauke (s. S. 138) mit Vaseline eingerieben. Statt Wollbandagen wählt man für die Jagd lieber Ledergamaschen, andernfalls sollte man wenigstens die Schleifen der Bandagen durch ein fest klebendes Plastikband sichern.

Unbedingt mitnehmen:
Ein Stück Schnur
Sauberes Taschentuch (für eigene Schrammen!)
Zusammenlegbaren Hufkratzer
Taschenmesser
Antiseptische Salbe
Drahtzange (oder sich vergewissern, daß eine der Jagdchargen eine dabei hat!)
Ersatzbügelriemen

Beim Stelldichein

Reitet man zum Stelldichein, soll man sich dazu genügend Zeit lassen und mit einem trockenen und ruhigen Pferd eintreffen. Am Ort des Stelldicheins angekommen, sitzt man ab, lockert den Gurt und führt das Pferd herum. Man sorgt dafür, daß es in Ruhe stallen kann. Ist das Pferd ein Jagdneuling, zeige man ihm aus einiger Entfernung die Meute, damit es sich vor der allgemeinen Aufbruchsnervosität bereits mit ihrem Anblick vertraut machen kann. Dann wieder aufsitzen und das Pferd in Bewegung halten, besonders wenn es kalt oder windig ist.
Kommt man im Transporter zum Stell-

dichein, wird das Pferd nach dem Ausladen kurz herumgeführt und dann zur Lockerung 20 Minuten im Schritt und Trab geritten.
Bevor die Meute ausrückt, muß der Gurt kontrolliert sein, und nötigenfalls muß nachgegurtet werden.

Während der Jagd

Die Kräfte des Pferdes rationell einteilen, es zu Anfang schonen, ruhig das eine oder andere Hindernis auslassen, bis man sieht, ob es der Strecke konditionsmäßig gewachsen ist. Jederzeit mit Vernunft reiten und das Pferd nicht unnötig anstrengen. Beim Springen von Ricks, Gattern, Holzstößen oder anderen festen Hindernissen nimmt man das Pferd etwa 40 Meter vorher gut auf und lenkt es dann auf die passendste Absprungstelle zu.
Man springt nie direkt hinter dem vorangehenden Pferd, sondern immer „auf Lücke". Zu nahes Aufschließen kann zu schweren, ja tödlichen Unfällen führen, falls das vordere Pferd oder sein Reiter stürzen sollte.
Wenn man stürzt, sollte man — ausgenommen bei einem harmlosen Rumpler — niemals versuchen, die Zügel in der Hand zu behalten, man kann sonst unter das stürzende Pferd geraten. Man sollte versuchen, sich über die Schulter abzurollen und mit eingezogenem Kopf ruhig liegenzubleiben, bis das Feld vorbei ist.
Springt man in einen weichen oder tiefen Acker hinein, sollte man das Pferd vorher gut aufnehmen, sonst kann es durch die plötzliche Bremswirkung des tiefen Bodens kopfüber gehen (das gilt auch für Wasser!), zumindest kann es sich Ballen- und Kronentritte zuziehen.
Ein Hindernis mit Graben auf der Absprungseite wird langsam angeritten. Befindet sich der Graben auf der Landeseite, muß das Tempo schneller sein, damit sich das Pferd über dem Sprung genügend streckt und sich fliegen läßt.
Beim Bergaufreiten entlaste man das Pferd, indem man sein eigenes Gewicht möglichst weit nach vorn bringt. Bergab achte man darauf, daß das Pferd in ruhigem Tempo geht und nicht mit der Hinterhand wegrutscht. Wenn wir merken, daß das Pferd Anzeichen von Erschöpfung zeigt, brechen wir die Jagd ab und beweisen keinerlei falschen Ehrgeiz.

Auf dem Heimweg

Nach dem Halali führt man das Pferd mit gelockertem Gurt so lange, bis es „abgedampft" ist. Reitet man nach Hause, kann man sich danach auf den Weg begeben, wobei abwechselnd Schritt und Trab geritten wird.
Wird im Verladewagen nach Hause gefahren, muß das Pferd erst völlig trokkengeführt werden. Ein erhitztes und nasses Pferd darf nicht verladen werden, da es sich sonst erkältet. Transporter sind trotz aller Vorkehrungen niemals zugfrei. Das Pferd deshalb eindecken.
Damit die Blutzirkulation nicht behindert wird, nehmen wir beim Transport auch die Bandagen beziehungsweise Ga-

maschen ab. Leichte Stallbandagen können angelegt werden.
Bevor es in den Stall kommt, sollte man das Pferd keinesfalls mehr als höchstens ein paar Schlucke Wasser nehmen lassen.

Bei der Ankunft im Stall

Wir geben dem Pferd jetzt etwas lauwarmes Wasser zu trinken. Erst nach einer Stunde nachtränken.
Die Box sollte gut eingestreut sein. Eine hohe Streu ist wichtig zum Wälzen! Außerdem sollte genügend Heu zur Verfügung stehen.
Man warte, bis sich das Pferd gewälzt und bis es gestallt hat, dann reibe man es mit einem Strohwisch ab und decke es mit einer Schweißdecke ein. Man überzeuge sich davon, daß alle wichtigen Stellen trocken sind, besonders die Nieren- und Brustpartie, damit sich das Pferd nicht erkältet.
Sattellage auf Satteldruck überprüfen!
Die Ohren des Pferdes kontrollieren! Sie sollten warm und trocken sein, andernfalls reiben wir sie sanft ab.
Kleiemash füttern.
Nachdem das Pferd fertig gefressen hat, wird es geputzt. Wir entfernen aber nur den gröbsten Schmutz und lassen das übrige bis zum nächsten Morgen. Das Pferd ist müde und soll möglichst in Ruhe gelassen werden.
Die Beine ausbandagieren und den in der Zwischenzeit getrockneten Schmutz abbürsten. Die Beine werden nach Schnittwunden und Dornen untersucht und nötigenfalls behandelt.
Ist das Pferd abgekühlt und trocken und zeigt keine Anzeichen des Nachschwitzens, lege man ihm die Nachtdecke auf. Nachdem es zwei Stunden im Stall ist, wird der Wassereimer nachgefüllt und das Kraftfutter verabreicht. Ist das Pferd erschöpft, wird gequetschter, mit lauwarmem Wasser übergossener Hafer gefüttert, da dieser leichter verdaulich ist.
Bei kaltem Wetter oder wenn das Pferd erschöpft ist, legt man ihm die Stallbandagen (möglichst über einer Lage Watte) an. Sie sorgen für zusätzliche Wärme und fürs Wohlbefinden des Pferdes.
Es muß unbedingt genügend Heu zur Verfügung stehen!
Sattelzeug möglichst noch am gleichen Abend reinigen und mit Sattelseife bearbeiten, um allen Schmutz und Schweiß zu entfernen. Mit dem Hirschleder trocknen und dann einfetten. Satteldecke zum Trocknen aufhängen.

Am nächsten Morgen

Decke abnehmen und Bandagen entfernen. Das Pferd nach draußen führen und an der Hand traben lassen, um etwaige Anzeichen von Schwäche oder Lahmheit festzustellen.
Danach die übliche Stallarbeit. Das Pferd nochmals sorgfältig nach Schrammen oder Dornen absuchen, die am Vorabend vielleicht übersehen worden sind. Hufe anheben, nachsehen, ob sich das Pferd nichts eingetreten hat und ob die Eisen noch fest sitzen.
Um Muskelkater und Steifheit zu beseitigen, führt man das Pferd etwa eine

Stunde im Schritt, mit Decke, falls es kalt ist.
Nach einer anstrengenden Jagd in tiefem Boden sollte das Pferd eine Woche Ruhe haben. An leichteren Jagden bei trockenem Wetter können wir auch zweimal die Woche teilnehmen. Das richtet sich freilich ganz nach der Kondition und dem Trainingsstand unseres Pferdes. Junge Pferde werden allein durch die Fülle der Eindrücke häufig überfordert.

Abschluß des Trainings und Weidegang

Bevor das Pferd auf die Weide gebracht wird, muß das Training eingestellt werden, das heißt, es muß allmählich vorbereitet werden, wofür im allgemeinen ungefähr zwei Wochen genügen.
Zweck des Weidegangs: Es wird dem Pferd eine vollständige Ruheperiode gewährt, bei der es nach einer harten Saison wieder zunehmen kann.

Einstellen des Trainings

Decke weglassen, falls das Pferd bisher eingedeckt wurde.
Ist die obere Türhälfte geschlossen gewesen, soll sie nun ständig offen gelassen werden.
Allmählich wird die Menge des Kraftfutters reduziert und die Heuration gesteigert. Sobald das Pferd die Reduktion des Futters spürt, wird auch die Bewegung reduziert.
Das gründliche Putzen wird eingestellt. Lediglich Mistflecken, Schmutz und Schweiß mit der Wurzelbürste entfernen. Die natürlichen Fette sollen als Schutz gegen Witterungseinflüsse im Fell belassen werden.
Wenn möglich, sollte das Pferd jeden Tag ungefähr eine Stunde auf eine kleine Weide gebracht werden, falls notwendig, zuerst mit Decke, um es daran zu gewöhnen, im Freien zu sein. Wenn Pferde zum erstenmal auf die Weide kommen, werden sie umhergaloppieren und spielen. Bei einer kleinen und solid eingezäunten Weide ist die Verletzungsgefahr dabei gering. Eine Umzäunung mit Stahl- oder Holzstangen ist besonders empfehlenswert.
Wenn das Training vollständig eingestellt worden ist, beginnt man an einem milden Tag mit dem Weidegang. Das Pferd wird am frühen Morgen hinausgebracht und mindestens einmal im Laufe des Nachmittags kontrolliert.

In welcher Jahreszeit beginnt der Weidegang?

Dies hängt vom Klima ab. In Deutschland kann man normalerweise etwa Mitte/Ende April, spätestens Anfang Mai mit dem Weidegang beginnen. Man muß darauf achten, daß das Gras nicht noch zu jung ist und von den Pferden mit der Wurzel ausgerupft werden kann, so daß es nicht mehr nachwächst.
Man läßt die Tiere am besten zunächst nur tagsüber mit einer Regendecke (Segeltuch) auf die Weide und bringt sie abends wieder in den Stall, bis die Temperaturen so stabil sind, daß sie über Nacht draußen bleiben können.

Vor dem Weidegang zu beachten

Einige Tage, bevor das Pferd auf die Weide gebracht wird, gebe man ihm kleine Portionen Grünfutter, damit sich der Magen allmählich daran gewöhnt. Wird das Pferd auf eine ziemlich üppige Weide gebracht, soll man es unmittelbar vorher füttern, damit es sich nicht am Gras überfrißt. Wird es auf eine weniger gute Weide gebracht, soll es hungrig hinausgelassen werden, damit es nicht zuviel umhergaloppiert.

Hufe
Hat das Pferd gesunde Hufe und wird es auf eine Weide mit gutem Boden gebracht, kann man vorher die Eisen abnehmen und die Hufe raspeln, um zu verhindern, daß die Hornwand ausbricht. Sind die Hufe hart und spröde, beläßt man die vorderen Eisen und entfernt nur die hinteren.
Als Alternative kann man die hinteren Eisen abnehmen und die Vorderhufe mit Halbmondeisen beschlagen.
Während des Weidegangs müssen die Hufe einmal im Monat beschnitten werden. Die Halbmondeisen müssen jedesmal abgenommen und wieder neu angebracht werden, da sonst der Tragrand an der Zehe zu lang und die Trachten zu niedrig werden, was Druck auf die Sehnen ausübt.

Beine
Knochenauflagerungen, Sehnenzerrungen etc. (s. auch S. 121) sollten mit einer scharfen Einreibung behandelt werden, bevor das Pferd auf die Weide gebracht wird. Das muß jedoch vor der Fliegensaison gemacht werden, denn Fliegen können die Wunde infizieren.

Zähne
Die Zähne werden nach scharfen Kanten untersucht, und, falls nötig, geraspelt.

Wahl der Weide

Man soll eine Weide wählen, auf der das Pferd genügend Auslauf hat, dann kommt es mit straffen Muskeln wieder in den Stall.
Eine gute, sichere Einzäunung ist von wesentlicher Bedeutung. Ein Lattenzaun ist am besten geeignet. Man versichere sich, daß keine losen Drahtenden am Zaun zurückbleiben! Man kontrolliere auch genau, daß die Weide keine unnötigen Gefahren birgt, zum Beispiel im Gras halb versteckte landwirtschaftliche Maschinen, zerbrochene Flaschen etc.
Die Weide muß über eine reichliche Zufuhr von frischem Wasser verfügen. Ideal ist ein fließender Bach, falls er tief genug ist. Ein automatisch gefüllter Wassertrog ist auch gut. Teiche sind im allgemeinen nicht ratsam, da sie meistens stehende Gewässer sind. (In lehmigem Gelände hat ein Teich den Vorteil, daß Pferde sich ins Wasser stellen und darin herumgehen, wobei der Lehm wie eine leicht reizende Einreibung wirkt.)
Pferde sind Herdentiere und sollten nicht allein auf die Weide gebracht werden. Ein altes Pony ist der ideale Gefährte für einen wertvollen Vollblüter oder für ein eben abgesetztes Jungtier.
Die Weide muß Bäume haben, die genügend Schatten spenden und minde-

stens eine Stelle, wo das Pferd sich gegen Wind und Regen bei Sommergewittern schützen kann, zum Beispiel eine dichte Hecke auf der Windseite.

Pflege des Pferdes auf der Weide

Man sieht mindestens einmal pro Tag nach dem Pferd und untersucht es auf Verletzungen oder Lahmheit. Zäune und Wasserversorgung müssen ebenfalls regelmäßig kontrolliert werden. Während der heißesten Sommertage, wenn die Fliegen zur Plage werden, bringt man die Pferde tagsüber in den Stall und gibt ihnen frisches Wasser und eine kleine Menge Heu. Am Abend werden sie wieder hinausgebracht.

Im Mai und Juni hat das Gras den höchsten Nährwert und das Pferd benötigt kein Kraftfutter. Ende Juli nimmt die Qualität des Grases ab, und die Pferde, die immer noch auf der Weide sind, sollten täglich eine kleine Ration Kraftfutter bekommen.

Abschluß des Weidegangs und Aufnahme der Arbeit

Jagdpferde sollten im August von der Weide geholt werden. Während der letzten paar Wochen des Weidegangs wird täglich eine kleine Portion Kraftfutter verabreicht.

Es dauert ungefähr sechs Wochen, bis die Pferde wieder in Kondition sind, um an Jagden teilnehmen zu können. Werden sie zu lange im Freien gelassen, kehren sie mit erschlafften Muskeln zurück. Nimmt man sie in diesem Zustand zu früh zur Jagd, bauen sie Fett ab, ohne dabei Muskeln zu bilden, und magern ab.

Wenn man die Pferde von der Weide holt, muß man drei wichtige Punkte beachten:

Verhütung von Husten, Erkältung und Halsschmerzen.

Viel frische Luft ist unerläßlich. Die obere Hälfte der Tür wird offengelassen.

Während der ersten Woche im Stall soll man das Pferd nicht zum Schwitzen bringen.

Das Heu wird angefeuchtet. Es wird nur eine kleine Menge Kraftfutter, gemischt mit Häcksel und angefeuchteter Kleie, gefüttert.

Viel Schrittarbeit ist wichtig. Während das Pferd seine Kondition aufbaut, ist langsames Bergauftraben ein augezeichnetes Muskeltraining.

Verhütung von Sattel- und Gurtdruck

Der normalerweise benutzte Sattel paßt vielleicht dem Pferd zuerst nicht, wenn es von der Weide kommt. Er darf nicht zu eng sein oder klemmen, und damit er nicht scheuert, soll man eine Schabracke unterlegen.

Die Sattellage wird mit Bleilotion, Salzwasser oder Methylalkohol behandelt, um die Abhärtung zu beschleunigen, ebenso die Haut unter dem Gurt.

Hat das Pferd einen Satteldruck, benutzt man eine Filzschabracke und schneidet über der Druckstelle ein Loch

heraus. Während der ersten paar Wochen verwendet man am besten einen Mohair-Gurt.
Bei der Arbeit beginnt man zuerst auf ebenem Boden oder longiert das Pferd, um es vor dem Reiten abzuhärten.

Verhütung geschwollener Beine

Geschwollene Beine können auf Überfütterung beruhen. Die Kraftfutterration darf also nicht zu rasch gesteigert werden. Täglich wird angefeuchtetes Heu und angefeuchtete Kleie mit drei bis vier Pfund Hafer in zwei oder mehreren Malen verabreicht.
Der Arbeit entsprechend wird die Kraftfutterration allmählich erhöht. Man füttert häufig Kleie- und Leinsamenmash (s. S. 53). Der Leinsamen muß richtig gekocht werden, da er sonst für das Pferd giftig ist. Nach dem Kochen bildet sich ein Gelee und die Samen sinken ab.
Hat das Pferd geschwollene Beine, benötigt es möglicherweise ein Abführmittel. Es soll aber nur wenn unbedingt nötig verabreicht werden. Während der Behandlung wird kein Kraftfutter gegeben, und während 24 Stunden verfüttert man nur Heu und Kleiemash. Nach der Behandlung mit dem Abführmittel beginnt man allmählich, das Kraftfutter wieder zu verabreichen.

Wurmkur

Das Pferd sollte vom Tierarzt gegen Würmer behandelt werden, wenn es von der Weide kommt, oder ein Wurmmittel im Futter verabreicht bekommen.
Phenothiazin darf nicht verwendet werden, wenn das Pferd anschließend ins Sonnenlicht hinausgelassen wird. Es muß nachher mindestens 48 Stunden im Stall gehalten werden, da die Gefahr einer Hautentzündung durch Lichteinwirkung (Dermatitis solaris) besteht.

Arbeitsbeginn

1. In der ersten Woche Longenarbeit mit Sattel und Schabracke. Sattel- und Gurtenlage vor Druck schützen.
2. Schrittarbeit unter dem Sattel in der zweiten Woche; mit 1/4 Stunde anfangen und auf 3/4 Stunden steigern. Eventuell kann das Pferd zusätzlich noch ca. 1 Stunde pro Tag auf die Weide gebracht werden.
3. Dritte Woche: Schrittarbeit auf hartem Boden oder auf der Straße (Abhärtung der Sehnen). Langsames, nicht zu steiles Bergauf- und Bergabtraben.
4. Vierte und fünfte Woche: Arbeit wie in der dritten Woche fortsetzen, die Strecken allmählich verlängern und kurze Kanter einschalten. Allmählich häufiger langsame Kanter ausführen.
5. Zwei Wochen später wird das Pferd zwei- oder dreimal innerhalb von 14 Tagen voll galoppiert.

III Die Ernährung des Pferdes

Tränken

Funktionen des Wassers

1. Hauptbestandteil des Körpers: Der Körper eines Fohlens besteht zu 80 %, derjenige des erwachsenen Pferdes zu 50 % aus Wasser.
2. Der Körper wird durch Flüssigkeit mit Nahrung versorgt. Ohne Wasser wird die Blutzirkulation beeinträchtigt und der Verdauungsprozeß unmöglich gemacht.
3. Der Kalkgehalt des Wassers fördert die Bildung von Knochen und anderen Geweben.
4. Wasser ist notwendig, um den Durst zu löschen und um ein Ansteigen der Körpertemperatur zu verhindern.
5. Wasser fördert die Ausscheidung.

Tränkmenge und Wasserqualität

Ein Pferd trinkt zwischen 20 und 45 Liter pro Tag (es produziert innerhalb 24 Stunden beim Kauen ca. 20 Liter Speichel!). Man soll frisches, sauberes und unverdorbenes Wasser geben. Wasser mit einem mäßigen Härtegrad enthält Kalk- und Magnesiumkarbonate sowie Spuren von Kochsalz; es ist erfrischender als weiches Wasser.

Zu hartes Wasser kann nachteilige Folgen für Haut und Haarkleid haben (letzteres wird rauh), aber sie verschwinden wieder, wenn weicheres Wasser getränkt wird.

Allgemeine Regeln für das Tränken

Dem Pferd sollte ständig frisches, sauberes Wasser zur Verfügung stehen. Ist dies nicht möglich, muß man im Winter mindestens dreimal, im Sommer mindestens sechsmal pro Tag tränken.

Es bestehen unterschiedliche Auffassungen darüber, ob man zweckmäßig vor oder nach dem Füttern tränken soll. Die „Richtlinien für Reiten und Fahren" der Deutschen Reiterlichen Vereinigung (FN) empfehlen jedoch das Tränken vor dem Füttern.

Das Wasser soll nicht zu kalt und nicht zu warm sein, am bekömmlichsten ist es bei einer Temperatur von 9 bis 12 ° C. Es soll nicht künstlich erwärmt werden, sondern 1 bis 2 Stunden im Eimer im Stall stehengelassen werden. In dieser Zeit nimmt es Stalltemperatur an. Beim künstlichen Erwärmen entweicht Sauerstoff, weshalb warmes Wasser fade schmeckt; es erfrischt außerdem nicht. Einem erschöpften oder kranken Pferd kann man aber erwärmtes Wasser anbieten, da kaltes Wasser wie ein Schock auf den geschwächten Organismus wirken kann.

Man muß darauf achten, daß erhitzte Pferde nicht allzu gierig trinken. Um das zu verhindern, breitet man eine Handvoll Heu über das Wasser oder läßt mit eingelegter Trense trinken. Hängt ein Wassereimer ständig in der Box, sollte er mindestens zweimal pro Tag ausgespült und immer nach Bedarf nachgefüllt werden (etwa vier- oder fünfmal am Tag). Stehendes Wasser absorbiert Ammoniak und andere Unreinheiten aus der Luft und wird fade.

Hat ein Pferd unter Wassermangel gelitten, soll man ihm nicht so viel geben, wie es trinken kann. Man verabreiche häufig kleine Mengen, bis sich sein Zustand wieder normalisiert hat. Drei bis vier Stunden vor einem Rennen oder anderer schneller Arbeit soll man das Wasser wegnehmen und das Pferd nicht trinken lassen. Ein voller Magen drückt auf das Zwerchfell und schränkt die Atmung ein.

Bei kontinuierlicher Arbeit soll das Pferd alle zwei Stunden getränkt werden. Während einer Jagd darf das Pferd nicht trinken, auf dem Heimweg jedoch eine kleine Menge.

Verschiedene Tränkmethoden

Pferde in Stallhaltung

1. Brunnentrog im Stallhof. Praktisch, um heimkehrende Pferde nach der Arbeit zu tränken, bevor sie in den Stall gestellt werden. Als einzige Tränkvorrichtung für im Stall gehaltene Pferde jedoch unbefriedigend, da sie etliche Male am Tag aus dem Stall hinaus an den Trog geführt werden müssen.
2. Tränke in der Krippe. Wird diese sauber und gefüllt gehalten, ist es eine befriedigende Methode. Diese Art von Tränke kann jedoch leicht schmutzig und mit Futter verstopft werden.
3. Selbsttränken. Gut geeignetes Tränksystem, wenn die Schüsseln saubergehalten und jeden Tag kontrolliert werden. Sie sollten nicht direkt neben Krippe oder Heuraufe plaziert sein. Der größte Nachteil der Selbsttränken ist deren geringe Tiefe, weswegen das Pferd nicht voll trinken kann. Auch hat der Pfleger keine Kontrolle, ob das Pferd normale Mengen trinkt (ein Abweichen von der normalen Menge kann ein frühes Krankheitsindiz sein).
4. Eimer in der Ecke der Box. Möglicherweise die beste Methode. Der Eimer kann an einem Spezialring in Brusthöhe aufgehängt werden, und zwar am besten in der der Krippe

entgegengesetzten Ecke und nicht neben der Tür, soll aber von der Tür aus sichtbar sein.

Tränken auf der Weide

1. Flüsse und Bäche. Gutes System, um Pferde auf der Weide zu tränken, vorausgesetzt, daß fließende Gewässer mit Kiesgrund und gutem Zugang zur Verfügung stehen. Seichtes Wasser auf Sandboden kann dazu führen, daß zusammen mit dem Wasser kleine Mengen Sand in den Magen gelangen, was mit der Zeit zu Sandkoliken führt.
2. Teiche. Als stehende Gewässer nicht geeignet. Andere Tränkeeinrichtungen sind zusätzlich notwendig.
3. Weidetröge. Wenn sie mit Leitungswasser gespeist werden, sind Tröge das beste System, um Pferde auf der Weide zu tränken. Sie sollten ca. 1 bis 2 m lang und ungefähr $1/2$ m tief sein und unten ein Abflußloch haben, damit sie leicht gereinigt werden können. Der Trog wird auf möglichst trockenem Grund plaziert, wo keine Bäume stehen, so daß die unmittelbare Umgebung nicht zu schmutzig und der Trog nicht mit Blättern verstopft wird. In Frost- und Schneeperioden muß das Wasser zweimal täglich kontrolliert werden. Der Trog darf keine scharfen Ränder oder Vorsprünge haben, an denen sich ein Pferd verletzen könnte. Wird der Trog durch einen Hahn gefüllt, muß dieser auf Bodenebene angebracht werden, und die Verbindungsröhre Hahn—Trog muß ganz nahe der Seite und am Rande des Troges entlanglaufen. Ein vorstehender Hahn ist für Pferde gefährlich. Ein Trog wird am zweckmäßigsten durch einen Zulaß- und Absperrhahn gespeist, der an einem Ende in einem geschlossenen Abteil untergebracht ist.

Füttern

Zweck der Fütterung

Sie führt dem Pferd die für Aufbau, Wachstum und Erhaltung der Körperfunktionen lebensnotwendigen Stoffe zu, gleicht den durch Ausscheidung der Abfallprodukte entstandenen Verlust aus, verhindert Abmagern und sorgt für Energievorrat.

Die wichtigsten Nährstoffe

1. Proteine: lebenswichtig für Aufbau, Erhaltung und Wachstum des Gewebes.

2. Kohlenhydrate und Fette: energie- und wärmeproduzierende Substanzen. Sie können Proteine weder ersetzen noch deren Funktionen erfüllen.

3. Minerale: Salz, Kalzium, Magnesium, Phosphor, Kalium und Eisen. Ein Mangel an diesen Stoffen kann die Gesundheit nachteilig beeinflussen. Es ist empfehlenswert, Pferden auf der Weide Viehsalzklumpen und denen im Stall Minerallecksteine zur Verfügung zu stellen.

4. Vitamine: lebensnotwendig sind vor allem Vitamin A (enthalten in Früchten, Karotten und gutem Heu), Vitamin D (in sonnengetrocknetem Heu), Vitamin B (in Getreide), Vitamin C (in Grünfutter und gutem Heu).

5. *Spurenelemente:* Elemente, die in kleinsten Mengen im Körper vorkommen und ebenfalls lebenswichtig sind (Nickel, Kupfer, Mangan, Kobalt, Zink).

Außerdem benötigt das Pferd Ballaststoffe, das sind fasrige, unverdauliche Substanzen von geringem Nährwert, die aber notwendig sind, da sie die Verdauung anregen und die Assimilation von verdaulichen Stoffen fördern.

Futtermenge

Die zu verabreichende Futtermenge hängt hauptsächlich vom Gewicht und der Arbeitsleistung des Pferdes ab, außerdem spielen auch Alter und Temperament sowie unter Umständen die Jahreszeit eine Rolle. Grundsätzlich rechnet man pro Zentner Lebendgewicht des Pferdes 1 Pfund Hafer, 1 Pfund Heu und 1 Pfund Stroh (falls Stroh zum Füttern und Einstreuen verwendet wird).

Dem entsprechen bei einem mittelschweren Pferd je nach Arbeitsleistung etwa 5 bis 6 kg Hafer, 5 bis 6 kg Heu und 2 bis 4 kg Häcksel pro Tag. Bei harter Arbeit, etwa regelmäßigem Jagdreiten, erhöht sich die Ration entsprechend. Pferde sind Individualisten und reagieren von Tag zu Tag unterschiedlich. Ein aufmerksamer Pfleger erkennt den Zustand seiner Tiere und paßt die Futterrationen entsprechend an. Das setzt eine gute Beobachtungsgabe, Einfühlung und Liebe zum Tier voraus.

Fütterungszeiten

Die Fütterungszeiten variieren von Stall zu Stall und je nach Arbeitsbedingungen. Die Hauptregeln sind jedoch: wenig auf einmal und häufig füttern; jeden Tag immer um die gleiche Zeit füttern; lange Fastenperioden sind schädlich.

Beispiel: Erste Fütterung vor der Arbeit, 7 Uhr (kleine Portion). Zweite Fütterung am Mittag, nach der Arbeit und dem gründlichen Putzen (größere Portion). Dritte Fütterung am Abend (größte Portion).

Wenn möglich, sollte viermal am Tag gefüttert werden, wobei die dritte Portion (eine kleine) um 16 Uhr verabreicht wird und die vierte, größte Portion gegen 21 Uhr.

Wann wird nicht gefüttert?

1. Wenn das Pferd nach der Arbeit erhitzt ist. Der Magen ist dann nicht in der Lage, Nahrung richtig zu verdauen.
2. Wenn das Pferd nach sehr großer Anstrengung erschöpft ist. In diesem Fall kann ein Gruel (Hafermehltrank s. S. 55) verabreicht werden, der leicht verdaulich ist. Das Pferd soll sich 1 bis 2 Stunden ausruhen können und dann gefüttert werden.
3. Wenn das Pferd nach einer krankheitsbedingten Fastenperiode geschwächt ist, muß man besonders vorsichtig sein und nur kleine Mengen

füttern. Eine zu große Menge Futter kann unter diesen Umständen zu Verdauungsstörungen, Magenentzündungen und Kolik führen.

Allgemeine Regeln für die Fütterung

Die Futterkrippen müssen peinlich saubergehalten werden. Es dürfen keine Reste der vorherigen Mahlzeit zurückbleiben.
Es soll in kleinen Portionen und häufig gefüttert werden. Das Pferd hat im Vergleich zu seiner Größe einen kleinen Magen, der bei einer natürlichen Lebensweise immer zu ungefähr zwei Dritteln gefüllt ist.
Es soll genügend Rauhfutter verabfolgt werden, denn das Pferd hat zwar einen kleinen Magen, aber einen Darm von großer Kapazität. Heu und Gras bilden die wichtigsten Rauhfuttermittel; sie sind für eine gute Verdauung unerläßlich.
Die Futtermengen richten sich nach dem Alter, der auszuführenden Arbeit, dem Gewicht und dem Temperament des Pferdes.
Es sollen nie plötzliche Wechsel der Futtermittel oder der Fütterungsroutine vorgenommen werden. Alle Abänderungen in der Ernährung müssen sich stufenweise über mehrere Tage erstrecken.
Es wird jeden Tag zu den gleichen Stunden gefüttert.
Man verabreicht nur saubere Futtermittel von guter Qualität. Pferde sind in dieser Beziehung sehr empfindlich. Muffiges oder staubiges Futter kann schädlich sein.
Jeden Tag soll eine Portion frisches Grünfutter verabreicht werden, zum Beispiel Gras, geschnetzelte Karotten, Äpfel etc.
Während der Kraftfutteraufnahme muß absolute Ruhe im Stall herrschen. Das Pferd schaut sonst beim Kauen herum, der Hafer fällt in die Streu und geht verloren.
Wenn die Arbeit beginnt, hört die Verdauung auf. Das zur Förderung der Verdauung notwendige Blut fließt statt dessen in die Lungen. Pferde dürfen nach einer kleinen Fütterung (2 bis 3 Pfund) leichte Arbeit ausführen, aber nach einer großen Mahlzeit (4 bis 6 Pfund) brauchen sie vollständige Ruhe. Auch sollten sie keine schnelle Arbeit ausführen müssen, wenn der Magen voll ist. Das Futter bleibt im Durchschnitt 1 bis $1^1/_2$ Stunden im Magen.

Die Verdauung

Sie beginnt im Maul und setzt sich durch den gesamten Verdauungsapparat hindurch fort, bis die Abfallprodukte des Futters den Körper in Form von Kot verlassen.
Die erste Stufe der Verdauung, das Kauen und Einspeicheln, ist besonders wichtig. Wohlriechendes Futter und die Kieferbewegung fördern die Bildung von Speichel. Die Pferde sollten also dazu angehalten werden, *langsam* zu fressen. Man erreicht dies am besten, indem man Häcksel (gehacktes Heu) dem Futter beimengt. Dadurch sind die Tiere gezwungen, ihr Futter zu kauen und können es nicht verschlingen.

Mit zunehmendem Alter kann sich die Kaufähigkeit verschlechtern, da die Zähne unregelmäßig werden (s. S. 84 ff.).

Futtermittel

Man unterscheidet Rauhfutter, Kraftfutter und Grünfutter; außerdem werden verschiedene Misch- und Beifutter verabreicht.

Rauhfutter

Die wichtigsten Rauhfutterarten sind Heu, Häcksel, Kleie und Stroh.

Heu

Heu soll das hochwertige Weidefutter ersetzen; es liefert Mineralstoffe, Vitamine und Spurenelemente und hat einen hohen Nährstoffgehalt.

1. Samenheu: wird im Fruchtwechsel angebaut. Man legt eine ein-, zwei- oder dreijährige Kunstwiese an, das heißt, jeweils die entsprechende Zeit wird sie belassen. Samenheu besteht aus Esparsette, Lieschgras, Luzerne, Klee oder Mischgras (welches Lieschgras, Lolch und verschiedene Kleesorten enthält).
2. Wiesenheu: wird von einer Dauerwiese gemäht und enthält gewöhnlich eine größere Auswahl an Gräsern als Samenheu (zum Beispiel Knäuelgras, Ruchgras, Wiesenschwingel, Lolch).

Samenheu ist hart und hat im allgemeinen einen höheren Nährwert als Wiesenheu, das weich ist. Wiesenheu ist aber leichter verdaulich.

Die besten Gräserarten sind Lolch, Kolbengras, Kammgras, Knäuelgras (haben einen großen Nährwert, sind aber nicht beliebt), Wiesenschwingel, Lieschgras, Ruchgras, Schwingel oder gemeines Rispengras.

Minderwertige Arten: Wiesenrispengras, wolliges Honiggras.

Schlechte Arten: Gemeine Binse, Gemeine Weizengerste.

Aus *Lieschgras* gewonnenes Heu ist ziemlich reich an Kohlenhydraten und Fetten, enthält aber keine verdaulichen Proteine und Minerale. Es ist meistens staub- und schimmelfrei. Aus *Luzerne* gewonnenes Heu ist außerordentlich reich an Proteinen und hat einen hohen Kalkgehalt. Sehr schmackhaft. Für Pferde am besten geeignet, wenn es vor dem Mähen gut ausgereift war. Es darf jedoch nicht zu viel Luzerne verabreicht werden; täglich ungefähr $1/2$ Pfund pro Zentner Lebendgewicht ist unschädlich (nicht mehr als 4 bis 5 Pfund pro Tag).

In bezug auf Nährwert folgt *Kleeheu* auf Luzerne an zweiter Stelle. Es ist schmackhaft, leicht abführend und hat einen hohen Protein- und Mineralgehalt. Manchmal staubig. Mittlerer Wiesenklee wird am häufigsten verabreicht, da die anderen Sorten gewöhnlich grob sind und große Mengen verschwendet werden. Wie bei Luzerne darf nur eine beschränkte Menge pro Tag verabreicht werden. Eine Mischung von Klee- und Lieschgrasheu wird sehr geschätzt.

Für die Qualität des Heus ist entscheidend, daß die zur Heugewinnung bestimmten Gräser und Schmetterlingsblütler sofort nach dem Mähen luftig getrocknet werden. Sie verlieren dann nur wenig von ihrer ursprünglichen Güte und sind ein ausgezeichnetes Futtermittel für die Wintermonate.

Der Wert des Heus hängt außerdem ab

1. von den Pflanzen, aus denen es besteht,
2. vom Boden, auf dem sie gewachsen sind,
3. von der Jahreszeit, in der gemäht wird,
4. von der Art, wie es aufbewahrt beziehungsweise fermentiert wird,
5. davon, ob es vom ersten Schnitt (Heu) oder vom zweiten Schnitt (Grummet) stammt, wobei letzteres von minderer Güte ist und zur Hauptsache aus Blütenköpfen besteht.

Gutes Heu sollte

1. angenehm duften,
2. süß schmecken,
3. von grüner bis bräunlicher Farbe sein, aber nicht gelb, was auf Witterungsschäden hindeutet,
4. griffig und nicht schlaff sein,
5. nicht staubig oder gar schimmlig sein,
6. viele gute, wenig mittelmäßige und keine schlechten Gräser sowie ausreichend Klee enthalten.

Die beste Zeit für die Heuernte ist die zwischen Blüte und Versamung der Gräser.

Unkraut im Heu deutet meistens darauf hin, daß der Boden, auf dem es gewachsen ist, ausgelaugt ist. Solches Heu sollte nicht verwendet werden.

Heu darf frühestens nach 6 bis 8 Wochen Lagerung (nach dem „Durchschwitzen“) verfüttert werden. Nicht genügend abgelagertes Heu kann ebenso wie verdorbenes oder schlechtes Heu zu schweren Koliken führen.

Heu, das durch Überhitzung im Schober verdorben ist, nennt man *stockbraun.* Es ist von gelber oder dunkelbrauner Farbe. Ursache: Das Heu wurde zu Ballen gepreßt, bevor die saftigen Halme trocken waren.

Häcksel

Häcksel ist gehacktes Heu. Es darf dazu nur gutes Heu verwendet werden. Im Idealfall wird das Heu im Stall selbst gehackt, da fertig gekauftes Häcksel oft aus Ausschußware besteht. Auch Haferstroh kann in Häckselform verabreicht werden und wird manchmal von Pferden, die die maximale Kraftfuttermenge erhalten, vorgezogen, da gutes Heuhäcksel zu nahrhaft ist, um vom Verdauungssystem richtig absorbiert zu werden. Durch die Beimengung von Häcksel zum Kraftfutter erreicht man, daß das Pferd den Hafer gut kauen muß. Es wird rund ein Pfund Häcksel pro Fütterung verabreicht.

Weizenkleie

Dieses proteinreiche Rauhfutter-Konzentrat ist ein Nebenprodukt, das beim Weizenmahlen anfällt. Kleie sollte aus breiten Flocken bestehen, trocken, mehlig und nicht muffig sein. Angefeuchtet oder als Kleiemash (s. S. 53) verabreicht, hat es eine kühlende, abführende Wirkung. Es kann mit der regelmäßigen Kraftfutterration gemischt verfüttert werden oder an Ruhetagen die Hauptmenge des Kraftfutters ersetzen.

Getrocknete Zuckerrübenpulpe
Sie darf nie trocken verfüttert werden, da das Pferd leicht daran ersticken kann und die trockene Pulpe im Magen aufquillt. Rübenpulpe muß über Nacht in viel Wasser eingeweicht werden. Sie wird dann zusammen mit Kleie und Kraftfutter verabfolgt. Geeignetes Rauhfutter für Pferde, die nur leicht arbeiten müssen, da es einen guten Nährzustand bewirkt. Unpassend für Pferde, die schwere, schnelle Arbeit leisten müssen.

Kraftfutter

Hafer
Das beste energiespendende Futter für Pferde. Die Haferkörner sollen sauber, hart, rundlich, schwer und wohlriechend sein. Beim gequetschten oder gebrochenen Hafer wird der Kern für die Magensäfte zugänglich, was die Verdauung fördert. Nach drei Wochen verliert gequetschter Hafer aber seinen Nährwert. Es ist daher ratsam, Hafer nach Bedarf im Stall selbst zu quetschen. Dumpf riechender, schimmliger oder ausgekeimter Hafer darf nicht verfüttert werden; zu frischer Hafer ist ungesund.

Gerste
Wird oft teilweise oder ganz als Ersatz für Hafer verfüttert. Am besten sollte Gerste gequetscht oder gebrochen sein, da es ein sehr hartes Korn ist. Auch grob gemahlene Gerste kann verfüttert werden, doch ist es im allgemeinen nicht ratsam, Getreide zu mahlen. Jeglicher Mahlvorgang, ob grob oder fein, produziert Staub. Gemahlenes Futter wird teigig und führt zu Verdauungsstörungen.

Weizen
Weizen eignet sich im allgemeinen nicht als Pferdefutter. Sehr kleine Mengen (maximal 20 % der täglichen Kraftfuttermenge) dürfen gequetscht oder gekocht zusammen mit Hafer, Gerste, Kleie oder Häcksel verabreicht werden. Weizen hat einen hohen Vitamin-E-Gehalt und wird manchmal für Zuchthengste und -stuten empfohlen.

Gekochtes Körnerfutter:
Gerste, Hafer und Weizen können auch gekocht verabreicht werden. Kochen oder Dämpfen erweicht die Körner. Gekochter Hafer hat aber den Nachteil, daß er zuviel Wasser aufnimmt, was die Magensäfte verdünnt, wobei das Pferd dick wird, jedoch nicht an Kondition gewinnt. Beim Dämpfen wird dieses Problem umgangen: Bis zu 70 Liter Hafer können mit 15 bis 20 Litern Wasser gedämpft werden.
Gekochte Gerste (der vor dem Kochen eine Handvoll Leinsamen beigefügt werden kann) ist ein wertvolles Zusatzfutter zum wöchentlichen Kleiemash (s. S. 53).
Gekochtes oder gedämpftes Futter wirkt anregend auf schlecht fressende Pferde, bewirkt einen guten Nährzustand und verhütet Verstopfung, wenn kein frisches Grünfutter zur Verfügung steht.

Mais
Futtermittel mit hohem Kaloriengehalt, aber wenig Proteinen und Mineralien.

Im allgemeinen regt er die Pferde zu stark auf und macht sie zu fett, um in großen Mengen verabreicht zu werden. Schwer arbeitenden Pferden können kleine Mengen (bis 25 % der Körnerfutterration) verabreicht werden. Mais darf geschält, am Kolben oder in Flokken, aber nicht gemahlen verfüttert werden.

Erbsen und Bohnen

Erbsen und Bohnen werden gehackt, geschrotet oder gequetscht verfüttert. Sie sind reich an Proteinen, machen aber fett und sind schwer verdaulich, sollten also nur in begrenzter Menge gegeben werden. Werden sie mit dem Hafer gemischt, nehme man einen Teil Bohnen oder Erbsen und zwei Teile Hafer.

Grünfutter

Gutes Wiesengras (das alle auf S. 50 aufgeführten Gräser und Schmetterlingsblütler enthalten kann) ist ein bekömmliches Futter mit hohem Eiweißgehalt und hohem Nährwert. Am billigsten und für die Pferde am besten ist die Grünfutteraufnahme beim Weidegang. Bei Stallfütterung muß das Gras täglich frisch gemäht und an einem schattigen Platz in dünner Schicht ausgebreitet werden, um Selbsterhitzung zu verhindern (erhitztes oder welkes Grünfutter, vor allem Klee, kann schwere Koliken auslösen).

Ein zu plötzlicher Übergang zu Grünfutter muß vermieden werden. Man beginnt daher mit kleinen Rationen Grünfutter und steigert die Menge allmählich auf 4 kg pro Tag. Sehr junges Grünfutter wird am besten mit Häcksel gemischt.

Ein Luzernenfeld ist für jeden Stall eine nützliche Anlage. Es kann bis zu 5mal im Jahr gemäht werden.

Futterroggen und Futterhafer zur Zeit des Schossens sind ebenfalls ein vollwertiges Grünfutter.

Achtung:

Nach Grünfutter Pferde mindestens 2 Stunden lang nicht tränken (Selbsttränken abstellen)!

Beifutter

Kleiemash

Man verwende einen Eimer aus Metall oder Plastik (nicht aus Holz). Dieser wird zu einem Drittel mit Kleie gefüllt. Man gibt so viel kochendes Wasser dazu, wie die Kleie absorbiert. Ca. 15 g Salz beifügen und gut rühren. Zudekken, damit der Dampf nicht entweicht, und so lange dämpfen lassen, bis es kühl genug ist zum Verfüttern. Wird es richtig zubereitet, ist Mash weder steif noch dünn und wässerig, sondern körnigtrocken. Mash wirkt appetitanregender, wenn eine Handvoll Hafer, etwas Melasse oder 1/2 Liter gekochte Leinsamen beigemengt werden. Kleiemash wird üblicherweise einmal wöchentlich am Abend vor einem Ruhetag verabreicht. Es ist außerdem ein sehr gutes Diätfutter für kranke und genesende Pferde.

Leinsamen

Von hohem Nährwert und reich an Proteinen und Fetten. Kann als Gelee oder

Tee verabreicht werden, um die Kondition zu fördern und dem Fell einen schönen Glanz zu verleihen. Als tägliche Ration nehme man 1/2 bis 1 Pfund Leinsamen (Gewicht vor dem Kochen).

Leinsamen-Gelee: Leinsamen mit Wasser bedecken und über Nacht einweichen lassen. Nach 24 Stunden wird noch mehr Wasser beigefügt und aufgekocht (eingeweichte, ungekochte Leinsamen können für das Pferd giftig sein). Auskühlen lassen, das so entstandene Gelee ableeren und mit der abendlichen Futterration verabreichen. Leinsamen brennen leicht an und sollten in einem isolierten Topf gekocht werden.

Leinsamen-Tee: Vorbereitung wie oben, aber mit einer größeren Wassermenge. Das Wasser, in dem die Leinsamen gekocht werden, ist sehr nahrhaft und wird verwendet, um zusammen mit Kleie Leinsamenmash herzustellen.

Leinsamen-Ölkuchen: ein weiteres Produkt, das zusammen mit Körner- oder Rauhfutter verabreicht werden kann. Sie haben die gleichen Eigenschaften wie gekochter Leinsamen. Es soll nicht mehr als ein Pfund pro Tag mit dem Kraftfutter vermischt werden.

Karotten (rote Rüben)

Wegen des hohen Vitamin-A-Gehaltes besonders für Fohlen, junge Pferde und trächtige Stuten. Man füttere nur heile Karotten. Sie werden ganz oder der Länge nach geschnitten verabreicht. Karotten wirken kühlend und sind gegen einige Krankheiten ein natürliches Heilmittel. Sie sind leicht verdaulich und gut für Pferde mit Atembeschwerden, bei Husten oder Dämpfigkeit. 3 bis 4 Pfund pro Tag verlocken auch heikle Fresser.

Runkelrüben, Steckrüben, weiße Rüben

Diese werden vor allem während der Wintermonate von Pferden sehr geschätzt. Sie werden unter fließendem Wasser sehr gut gewaschen, der Länge nach geschnitten oder ganz verfüttert. Am Anfang soll man ungefähr 1 bis 2 Pfund pro Tag geben und — während sich das Pferd daran gewöhnt — nach und nach auf 4 Pfund steigern.

Pferdewürfel

Diese fabrikfertige Nahrung wird aus verschiedensten Zutaten wie etwa Hafer, Gerste, Mais, Kleie, Früchten vom Johannisbrotbaum, Leinsamenkuchen, Erdnußkuchen, Grasmehl, Melasse u. ä. unter Zusatz von Vitaminen und Mineralien hergestellt. Die Zusammensetzung ist je nach Marke verschieden.

Die Würfel können als teilweiser oder voller Ersatz für Kraftfutter und/oder Heu verwendet werden. Vorteile: leicht zu transportieren, leicht zu lagern, kein Mischen notwendig, garantieren standardisierte, ausgewogene Ernährung mit den nötigen Vitaminen und Mineralien. Mit Würfeln gefütterte Ponys neigen weniger zu Nervosität als solche, die Körnerfutter bekommen.

Nachteile: relativ teuer; Erstickungsgefahr wegen niedrigen Feuchtigkeitsgehalts, wenn nicht genügend Wasser vorhanden ist. Werden Häcksel oder Kleie den Würfeln beigemengt, erreicht man, daß das Futter vor dem Schlucken genügend gekaut und mit Speichel vermischt wird.

Sojabohnenkuchen
Ähnlich wie Leinsamen-Ölkuchen, werden aber nicht auf breiterer Basis für Pferde verwendet. Nur in kleinen Mengen füttern (rund ein Pfund pro Tag). Sojabohnenkuchen werden oft für die Zubereitung von Pferdewürfeln verwendet.

Klee-Dreschrückstände
Die getrockneten Blätter, die zurückbleiben. Klee-Dreschrückstände sind die wertvollsten Teile von Kleeheu, sollten aber nicht an Pferde verfüttert werden, die schwer arbeiten müssen.

Grasmehl
Grasmehl guter Qualität kann bis zu 19 % Proteine enthalten. Es wird angefeuchtet zusammen mit Hartfutter und Kleie gefüttert. Man beginnt mit der Fütterung einer kleinen Menge und steigert sie bis auf ein Pfund pro Tag.

Lebertran
Ausgezeichnetes Stärkungsmittel. Positiver Einfluß auf die Bildung von gesunden Knochen. Gutes Vorbeugungsmittel gegen Rachitis und Lungenkrankheiten. Zweimal pro Woche werden ein bis zwei Eßlöffel verabreicht. Lebertran hat einen üblen Geruch und Geschmack und wird oft nicht gern gefressen. Er ist daher auch in Form von weichen kleinen Kuchen erhältlich, in denen das Aroma durch Beigabe von schmackhaften Gewürzen überdeckt ist. Sie sind leicht zu verabreichen und werden gern gefressen.

Milch
Bei Pferden im Training erzielt man mit Milch gute Ergebnisse. Sie kann entweder flüssig oder in Pulverform verabreicht werden, und zwar bis 4,5 Liter pro Tag mit Kleie und Hafer gemischt.

Eier (roh)
Ausgezeichnetes Aufbaumittel für die Muskeln. Eier enthalten ein Antivitamin und dürfen nicht ständig gefüttert werden, sind aber für das Pferd bei guter Kondition ein wertvolles Zusatznahrungsmittel. Man gibt während drei oder vier Tagen 6 Eier pro Tag.

Bier oder Starkbier
Gutes Stärkungsmittel für Pferde im Training. Bis drei Tage vor einem Wettkampf kann man zwei Flaschen pro Tag geben.

Gruel (Hafermehltrank)
Wird aus Hafermehl zubereitet. Schmackhaft, erfrischend und leicht verdaulich, besonders für erschöpfte Pferde.
Zwei Handvoll Hafermehl werden in einen Eimer gegeben und mit wenig kaltem Wasser gut verrührt (kaltes Wasser verhindert, daß sich Klumpen bilden). Mit 7 Litern heißem, aber nicht kochendem Wasser übergießen, wiederum umrühren und abkühlen lassen. Der Hafermehltrank soll so dünn sein, daß das Pferd ihn trinken kann. Kochendes Wasser darf nicht verwendet werden, da dies eine Zusammensetzung bewirkt,

die mehr Stärke enthält, als für die Verdauung eines erschöpften Pferdes zuträglich ist.

Heutee

Heu mit kochendem Wasser überbrühen und abkühlen lassen. Dieser Trank enthält wertvolle Nährstoffe in Form von Mineralsalzen und anderen löslichen Stoffen.

Salz

Kleine Mengen sind notwendig als Zusatz zum „Speisezettel“ des Pferdes. Man kann einen Salz- oder Mineralleckstein in die Box hängen oder einen Klumpen Viehsalz in die Krippe legen oder einmal täglich einen Teelöffel dem Futter beimengen. Die ersten beiden Methoden sind vorzuziehen.

IV Die Ausstattung des Reitpferdes

Der Sattel

Aufbau und Bestandteile

Der Rahmen, auf dem ein Sattel aufgebaut ist, heißt Sattelbaum. Traditionsgemäß wird er aus Buchenholz hergestellt, aber viele moderne Sattelbäume bestehen aus Sperrholz, das unter Druck geleimt und anschließend geformt wird. Wenn der Sattel fallen gelassen wird, oder wenn sich das gesattelte Pferd wälzt, kann der Sattelbaum brechen. Hat man Zweifel an der Unversehrtheit des Sattelbaums, soll der Sattler ihn kontrollieren.
Der Sattel soll so geformt sein, daß der Reiter in der Mitte zwischen Sattelkammer und Hinterzwiesel an der tiefsten Stelle sitzt. Sättel sind entweder ganz oder halb gepolstert. Ganzes Polster: reicht fast ganz unter das Sattelblatt (siehe Bild 10). Ein ganz gepolsterter Sattel hat nur ein kurzes Schweißblatt zwischen Polster und Gurtstrippen.
Halbes Polster: reicht bis zur Hälfte des Sattelblattes hinunter. Ein halb gepolsterter Sattel hat ein großes Schweißblatt, das fast bis zur Unterkante des Sattelblattes reicht.
Es gibt drei verschiedene Sattelfutterarten, und zwar aus:

Leder: von langer Lebensdauer, wenn es gut gepflegt wird.

Serge: saugfähig, aber nicht strapazierfähig, schwierig zu reinigen.

Leinen: leicht zu reinigen, trocknet schnell, strapazierfähiger als Serge, aber weniger als Leder.

Das Verpassen des Sattels

Für das korrekte Verpassen sind Maße und Beschaffenheit folgender Körperteile maßgebend:

1. Widerrist
2. Schultern
3. Brust bzw. Rippen
4. Rücken bzw. Wirbelsäule
5. Lenden

Bild 10. Teile des Sattels

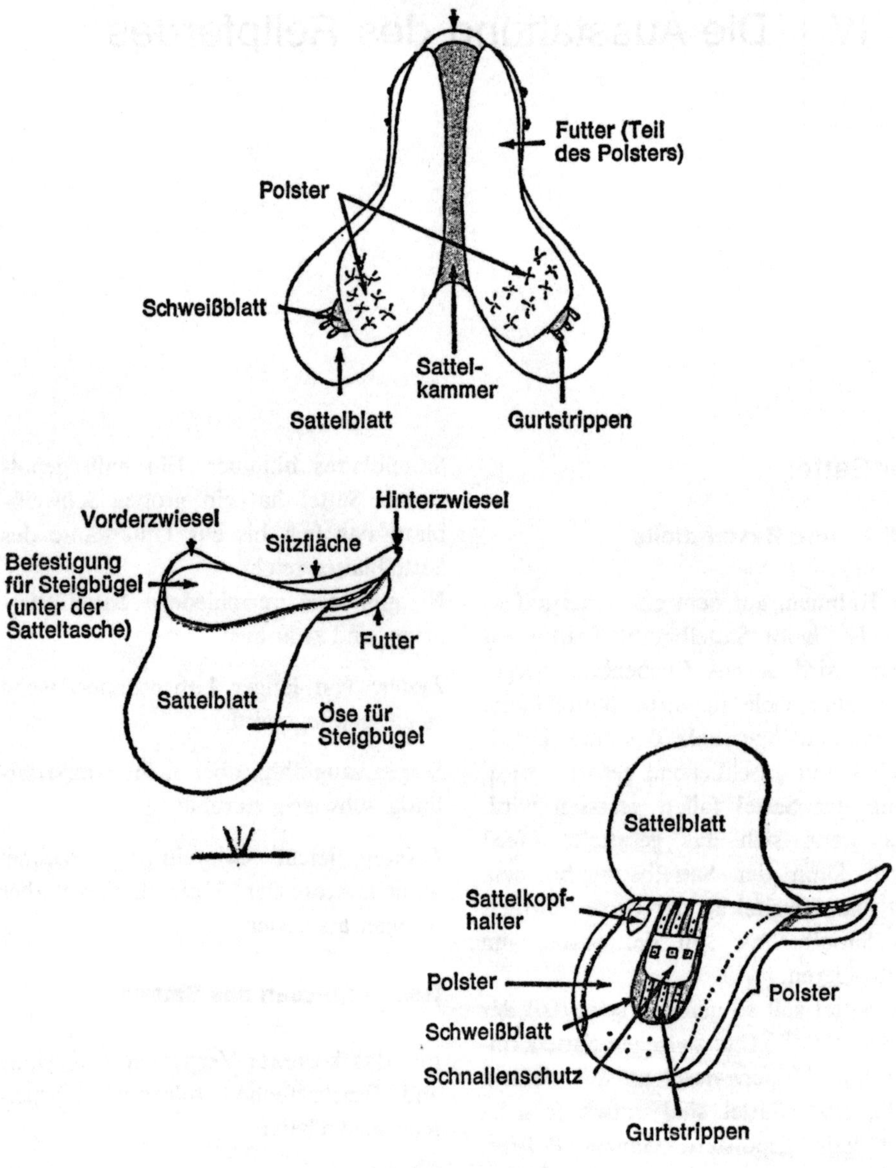

Der Widerrist
soll ausgeprägt und beidseits gut bemuskelt sein. Am Widerrist sind die vielen Muskeln verankert, die das Schulterblatt am Körper befestigen (das Pferd hat kein Schlüsselbein!). Durch seine vorspringende Gestalt entsteht eine bequeme Sattellage. Ein weit zurückrei-

chender Widerrist ist wesentlich für schräg liegende Schulterblätter. Ein schmaler, hoher Widerrist bereitet Schwierigkeiten beim Verpassen des Sattels.

Die Schultern

sollten ziemlich lang und möglichst schräg sein. Der Neigungswinkel einer guten Schulter, gemessen von der Schulterspitze zum Verbindungspunkt von Hals und Widerrist, sollte ungefähr 60 °, von der Schulterspitze zur Mitte des Widerristes (höchster Punkt) 43 ° und von der Schulterspitze zum Verbindungspunkt von Widerrist und Rücken 40 ° betragen. Der Winkel im Schultergelenk zwischen Schulterblatt und Oberarmknochen kann zwischen 110 ° und 130 ° betragen. Der Neigungswinkel des Oberarmknochens ist wichtig. Er kann je nach dessen relativer Länge variieren und hängt davon ab, ob Ellbogen und Oberarm weit vorne oder weit hinten angesetzt sind. Der Ellbogen eines Vollblüters liegt weiter vorn als derjenige eines Ponys. Eine ausgesprochen schräge Schulter gibt völlige Streck- und Beugefreiheit, was die Beinaktion begünstigt und die potentielle Geschwindigkeit erhöht. Eine schräge Schulter ist außerdem der wichtigste Stoßdämpfer in der Vorhand. Sie vermindert die Erschütterung, wenn das Gewicht auf das Vorderbein fällt.

Die Rippen

umfassen 8 Paar echte, die fest mit dem Brustbein verbunden sind, und 10 Paar falsche Rippen, die von den 10 hinteren Brustwirbeln getragen werden und nur durch Knorpel mit dem Brustbein verbunden sind.

Beidseits der Wirbel wölben sich die Rippen zuerst nach außen und dann nach unten.

Das Gewicht des Sattels muß ausschließlich auf der Muskulatur ruhen, die diesen nach außen gewölbten Teil bedeckt. Der geschwungene Teil der vorderen Rippen kann ein gewisses Gewicht aufnehmen, da diese kräftiger und mit dem Brustbein verwachsen sind. Wird das Gewicht jedoch zu weit nach unten verlagert, vor allem bei einem Pferd mit wenig gewölbtem Brustkasten, kann die Atmung beeinträchtigt werden.

Der Gurt darf nicht zu weit vorn liegen und nicht zu eng sein, da die Rippen hinter den Schulterblättern nur wenig Bewegungsfreiheit haben, wenn das Pferd einatmet.

Die Wirbelsäule

besteht aus einer Kette von 18 Brustwirbeln, die 18 Rippenpaare tragen, und 6 Lendenwirbeln, die hinter der vom Sattel eingenommenen Fläche liegen. Jeder Wirbel kann eine leichte Auf- und Ab- sowie eine Seitwärtsbewegung machen. Die knöchernen Wirbelfortsätze bilden die Kanten der Wirbelsäule.

Der Sattel darf keinen Druck auf die Wirbelsäule ausüben und sie nie einklemmen, also das Fleisch gegen die Knochen pressen. Eine solche Druckstelle (siehe Seite 131, Satteldruck) wird erst nach ein paar Tagen sichtbar, kann dann anschwellen und möglicherweise einen Abszeß bilden.

Der Rücken reicht vom Widerrist bis zur Kruppe und sollte so geformt sein, daß der Sattel gut darauf liegen bleibt (ausgeprägte „Sattellage“) und nicht nach vorn oder hinten rutscht. Er muß eine klare Linie zeigen und darf nicht gewölbt („Karpfenrücken“), sondern zur Kruppe hin nur leicht konvex sein. Ein Karpfenrücken verkürzt den Schritt des Pferdes und ist zum Reiten unbequem. Ein konkaver Rücken oder Senkrücken ist eine zusätzliche Belastung für die Rückenmuskulatur und ebenfalls nicht erwünscht.

Die Lenden

bilden den Teil des Rückens hinter dem Sattel, der die 6 Lendenwirbel umfaßt. Die Lenden werden nicht durch Rippen geschützt und sollten überhaupt kein Gewicht tragen müssen.

Allgemein zu beachten

1. Das Gewicht muß gleichmäßig auf die Rückenmuskulatur verteilt sein. Auf den Lenden darf kein Gewicht ruhen.
2. Es darf kein Druck auf die Wirbelsäule des Pferdes ausgeübt werden

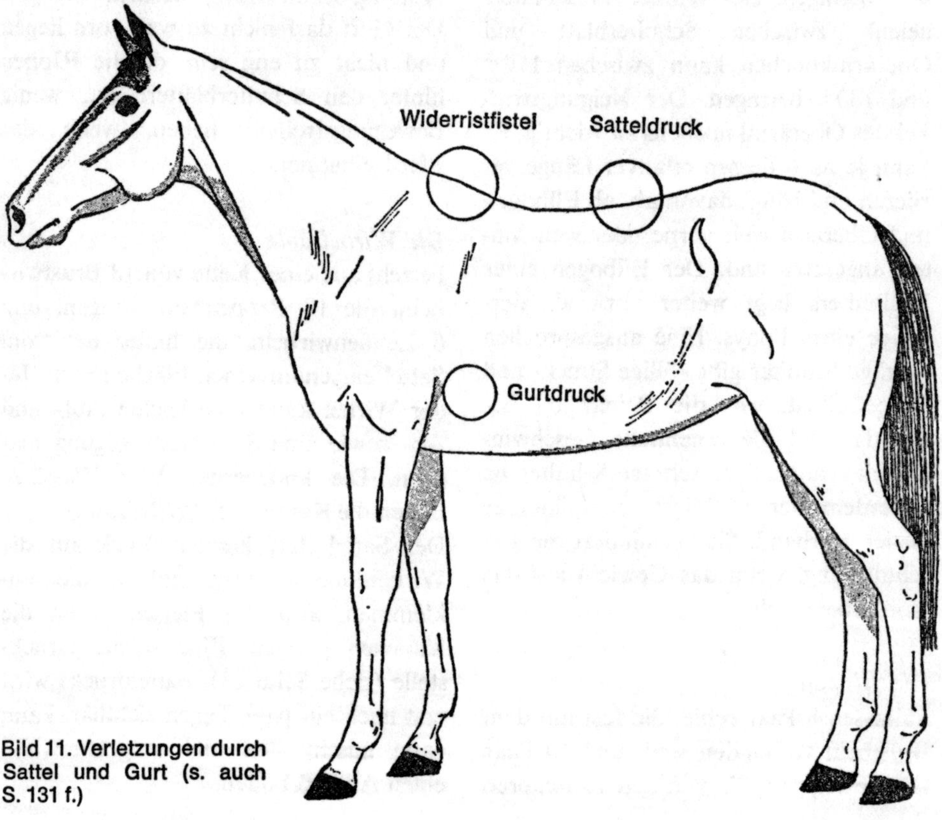

Bild 11. Verletzungen durch Sattel und Gurt (s. auch S. 131 f.)

(zur Kontrolle Reiter aufsitzen lassen).

3. Der Vorderzwiesel darf nicht zu tief oder zu breit sein. Mit dem Reiter im Sattel muß man eine Hand mühelos unter den Vorderzwiesel schieben können.
   Der Vorderzwiesel darf auch nicht zu schmal sein, damit der Widerrist nicht eingeklemmt wird.
4. Die Bewegung der Schulterblätter des Pferdes darf nicht beeinträchtigt werden.
5. Der Sattel muß korrekt gepolstert sein, damit das Knie des Reiters gestützt wird, und er muß so geneigt sein, daß der Reiter nicht rückwärts rutscht.
6. Einmal pro Jahr soll ein Sattler kontrollieren, ob Sattelbaum und Nähte in Ordnung sind und den Sattel nach Bedarf aufpolstern.

Sattelpflege

Sattel- und Zaumzeug sollen immer sauber und in gutem Zustand gehalten werden. Sie sollen regelmäßig kontrolliert und, wenn nötig, repariert werden. Besondere Aufmerksamkeit muß man den Nähten widmen, da das Garn eher fault oder bricht als das Leder. Leder trocknet aus und bricht, wenn es nicht mit Öl oder Fett geschmeidig gehalten wird. Glycerin, Olivenöl und Rizinusöl sind gut für Leder, Klauenfett dagegen läßt es faulen und reibt auf Hände und Kleidung ab. Die beste Qualität Sattelseife enthält genügend Glycerin oder Öl, um regelmäßig gebrauchtes Sattel- und Zaumzeug geschmeidig zu halten. Wird Sattel- und Zaumzeug eingelagert, soll es mit Vaseline geschützt werden.

Leder darf nie mit Soda oder heißem Wasser gewaschen und nie in der Nähe einer Heizung plaziert werden.

Sobald Sattel und Zaum vom Pferd abgenommen worden sind, soll man sie unverzüglich aufhängen, und zwar am besten auf einem ca. 50 cm langen, in bequemer Höhe angebrachten Sattelträger. So kann Luft ans Sattelfutter gelangen; ferner vermeidet man Beschädigungen.

Es sollte möglichst vermieden werden, den Sattel auf den Boden zu stellen. Leder wird durch rauhe Flächen leicht zerrissen und zerkratzt. Muß der Sattel jedoch einmal auf den Boden gestellt werden, soll man ihn so plazieren, daß er nicht umgeworfen wird. Man stellt ihn auf den Vorderzwiesel; bei rauhem Untergrund faltet man den Sattelgurt so, daß er den Vorderzwiesel schützt.

Ein Sattel wird getragen:

a) auf dem Unterarm mit dem Vorderzwiesel in der Ellbogenbeuge (der Zaum kann über die Schulter desselben Armes gehängt werden, wodurch die andere Hand frei bleibt);
b) auf dem Kopf;
c) mit dem Hinterzwiesel auf der Hüfte, mit der Hand im Vorderzwiesel.

Auf alle drei Arten verhindert man, daß der Vorderzwiesel an Wänden oder Türen beschädigt wird.

Reinigung des Sattels

Zur Sattelreinigung benötigt man:

1. Sattelbock.

2. An der Wand oder an der Decke befestigte Hilfsvorrichtung (Bügel).
3. Eimer mit kaltem oder lauwarmem Wasser.
4. Zwei Schwämme: einen großen zum Waschen und einen kleinen, ganz flachen zum Auftragen der Sattelseife.
5. Hirschleder zum Trocknen.
6. Glycerinseife oder Sattelfett.
7. Zwei Wischtücher: ein trockenes, um den sauberen Sattel zuzudecken, und eines, um die Metallteile zu trocknen.
8. Wurzelbürste, um Schweiß vom Sergefutter zu bürsten.
9. Metallpolitur und einen alten Lappen zum Auftragen.
10. Glanzlappen, um die Metallteile nach dem Auftragen der Politur zu polieren.

Der Sattel wird auf den Bock gelegt, Gurte, Bügel und Bügelriemen sowie Schnallenschutz werden entfernt. Nun wird zunächst das Sattelfutter gereinigt.

Lederfutter: allen Schmutz entfernen. Der Sattel wird mit dem Vorderzwiesel nach unten über den Eimer gehalten und mit dem großen Schwamm abgewaschen. Vor dem Gebrauch wird dieser gut ausgedrückt. Es soll möglichst vermieden werden, daß Wasser unter das Futter gerät und die Polsterung durchnäßt. Das Futter mit dem Hirschleder trocknen (dieses nie trocken verwenden, sondern immer gut ausgewrungen). Sattelseife auftragen.

Leinenfutter: Mit möglichst trockenem Schwamm säubern, wenn nötig, abbürsten. Sattel zum Trocknen aufstellen. Nicht in die Nähe eines Feuers oder Heißluftofens plazieren!

Sergefutter: Das Futter muß vor dem Reinigen trocken sein. Mit der Wurzelbürste gut abbürsten. Wenn es sehr schmutzig ist, kann das Futter abgewaschen werden, doch dauert es einige Tage, bis es wieder trocken ist.

Sattel wieder auf den Sattelbock legen und alle Lederteile gründlich waschen. Der Schwamm wird häufig im Eimer ausgespült und gut ausgedrückt. Das Leder darf nicht zu naß werden. Mit dem Hirschleder trocknen. Alle dunklen Ansammlungen von Fett und Schmutz sollen entfernt, dürfen aber nie mit einem scharfen Instrument bearbeitet werden. Lassen sie sich nicht leicht beseitigen, soll man sie mit einem kleinen Roßhaarkissen wegreiben.

Den kleinen, flachen Schwamm ausspülen und so fest wie möglich ausdrücken. Die Glycerinseife ins Wasser tauchen und den Schwamm gut einseifen. Mit kreisförmigen Bewegungen werden alle Lederteile eingeseift: Polster, Gurtstrippen, Schweißblatt, Rück- und Außenseite des Sattelblattes, Rück- und Außenseite der kleinen Satteltasche und die Sitzfläche. Besondere Aufmerksamkeit gebührt den Nähten: Gründliches Einseifen hält das Garn geschmeidig und verlängert seine Lebensdauer. Sattelseife soll nie über Schmutz aufgetragen werden.

Sattel mit dem trockenen Wischtuch zudecken und an einen trockenen Ort wegräumen.

Bügelriemen und Ledergurte sollen auf die gleiche Weise wie die Lederteile des

Sattels behandelt werden. Die Schnallen werden mit Metallpolitur gereinigt.
Bevor der Sattel wieder gebraucht wird, kann man die Sitzfläche und die Außenseiten des Sattelblattes mit einem feuchten Schwamm abreiben und mit dem Hirschleder trocknen, um Staub und überschüssige Seife zu entfernen, die Flecken auf den Reithosen zurücklassen würden.

Sattelzubehör

Sattelunterlagen
Sie haben den Zweck, den Satteldruck gleichmäßig auf dem Pferderücken zu

Bild 12. Sattelunterlagen. Oben Filzschabracke, unten Schaffellschabracke

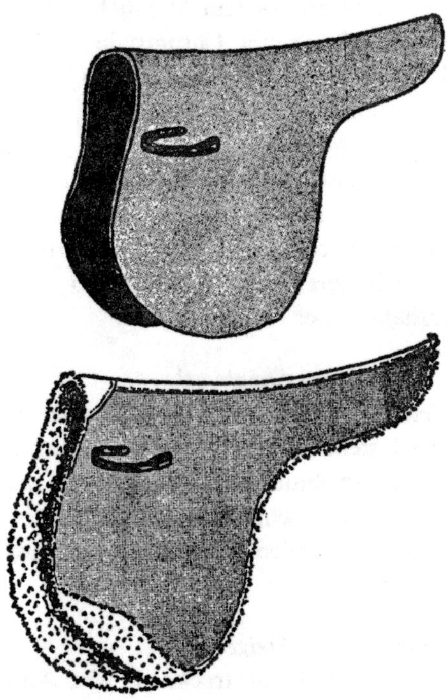

verteilen und den Sattel vor Schweiß und Schmutz zu schützen. Gleichzeitig schonen sie den Pferderücken und verhindern, daß etwa beim Springen die Sattelkammer den Widerrist berührt.
Sattelunterlagen können aus Leder, Schaumgummi, Schaffell oder Nylongewebe bestehen. Die gebräuchlichste Art besteht jedoch aus Filz. Sie werden in Sattelform zugeschnitten, und zwar etwas größer als der Sattel, so daß sie, wenn sie korrekt liegen, ungefähr 3 cm rings um den Sattel sichtbar sind. Man befestigt sie auf beiden Seiten mit einer Leder- oder Gurtbandschlaufe oberhalb der Schnalle an einer Gurtstrippe oder mit einem verstellbaren Band um das Sattelpolster.

Reinigung der Sattelunterlage
Filz und alle Arten Fell: trocknen lassen und mit der Wurzelbürste fest abbürsten. Bei starker Verschmutzung in klarem Wasser waschen und bürsten.
Leder: wie andere Ledersachen reinigen (siehe Seite 62). Wird die Sattelunterlage für einige Zeit eingelagert, muß man Pflanzenöl oder Vaseline auftragen. Vor Gebrauch mit Öl wieder geschmeidig machen.
Schaumstoff oder Gummi: mit reiner Seife oder Pferdeschampon waschen. Für Pferdeausrüstung keine synthetischen Waschmittel verwenden.
Nylongewebe oder synthetische Felle: mit reiner Seife in der Waschmaschine waschen. Zum Trocknen in einem warmen, gut gelüfteten Raum aufhängen.

Sattelgurte
Gurte haben den Zweck, den Sattel

beim Reiten an seinem Platz zu halten. Sie können aus verschiedenen Materialien bestehen:
Ledergurte sind am haltbarsten, erfordern aber viel Pflege, damit sie sauber und geschmeidig bleiben. Bei empfindlichen Tieren können sie leicht Druck verursachen.
Schnurgurte sind gute Allzweckgurte, lassen sich leicht reinigen, gehen aber nach dem Waschen vorübergehend etwas ein. Sie lassen die Luft zirkulieren, was Druckstellen verhindert, und rutschen nicht leicht. Vorsicht: Sporen können sich in den Schnüren verhaken!
Leinengurte sind ebenfalls leicht zu reinigen und luftdurchlässig. Aber auch hier Vorsicht mit Sporen!
Nylongurte haben ähnliche Eigenschaften wie Schnurgurte. Sie sind robuster, rutschen aber eher als Schnur und dehnen sich mit der Zeit.
Mohairgurte sind für empfindliche, untrainierte Pferde gedacht, da sie am weichsten sind.

Verpassen des Gurtes

Der Gurt soll weder zu lang noch zu kurz sein. Beim ersten Anlegen muß er sich mindestens ins zweite Loch auf jeder Seite einschnallen lassen, und es sollen auf beiden Seiten mindestens zwei weitere Löcher über der Schnalle vorhanden sein.

Reinigung des Gurtes

Leder: waschen, trocknen und einseifen wie auf Seite 62 beschrieben. Schnallen reinigen. Die Innenseite von dreifach zusammengelegten Ledergurten gelegentlich einölen (kein Mineralöl, das heißt Motorenöl, verwenden!).
Leinen, Schnur, Nylon, Mohair: täglich mit der Wurzelbürste abbürsten. Von Zeit zu Zeit mit reiner Seife waschen und gründlich spülen.

Widerristpolster

Widerristpolster sind ein Notbehelf, wenn die Sattelkammer auf den Widerrist drückt. Sie bestehen aus Wollstoff oder anderem weichem Gewebe; man kann sie improvisieren, indem man ein Staubtuch faltet und unter die Sattelkammer schiebt. Widerristpolster dürfen nur vorübergehend benutzt werden — der Sattel muß aufgepolstert oder ausgetauscht werden!

Steigbügel

Sie sollten aus bestem Metall bestehen. Handgeschmiedeter Chromstahl ist am sichersten und am geeignetsten. Verchromung bröckelt ab, und reiner Nikkel ist zu weich.
Sicherheitssteigbügel haben ein Gummiband auf der Außenseite. Nachteile: wegen der einseitigen Belastung hängen sie nicht gerade. Das Gummiband kann aushaken oder reißen.

Verpassen der Steigbügel

Wenn der breiteste Teil des Fußes im Bügel steht, sollten auf jeder Seite ca. 1,5 cm Spielraum frei bleiben. Ist der Steigbügel zu schmal, kann der Fuß eingeklemmt werden, ist er zu breit, kann er durchrutschen.

Reinigung der Steigbügel

Waschen und gut trocknen. Mit Ausnahme von gewöhnlichem Stahl werden alle Metallteile mit Metallpolitur gereinigt und mit einem trockenen Lappen poliert. Gewöhnlicher Stahl wird mit Metallpolitur und Scheuersand gereinigt und mit einem trockenen Lappen poliert.

Das Zaumzeug

Der Trensenzaum

Bestandteile

1. Genickstück und Kehlriemen aus einem Stück.
2. Stirnriemen.
3. Zwei Backenstücke, am einen Ende mit dem Genickstück, am anderen mit den Gebißringen verbunden.
4. Hannoversches Reithalfter.
5. Trensengebiß: mit Ringen an den Backenstücken und Zügeln eingenäht oder, soll man es auswechseln können, mit Knöpfen oder Schnallen verbunden. Die eingenähte Version sieht für Jagden und Vorführungen am besten aus. Bei einem Arbeitszaum ist die geknöpfte oder eingeschnallte Version zweckmäßig, da man die Mundstücke auswechseln kann, und die Lederteile sind leichter zu reinigen.
6. Kinnriemen, der unterhalb des Gebisses um die Kinngrube geschnallt wird.
7. Trensenzügel. Bestehen aus flachem oder geflochtenem Leder, aus Gurt, Gummi oder Baumwollgeflecht und werden in der Mitte zusammengeschnallt.

Wirkung des Trensengebisses

1.Auf die Zunge,

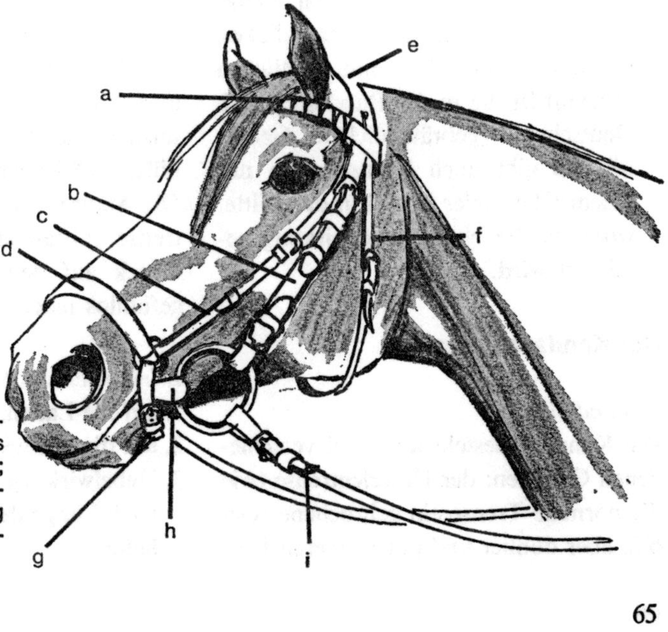

Bild 13. Zäumung auf Trense.
a Stirnriemen; b Backenstück; c Hannoversches Reithalfter (Sperrhalfter); d Nasenriemen; e Genickstück; f Kehlriemen; g Kinnriemen; h Trensengebiß; i Zügel

2. auf die Außenseiten der Kieferladen,
3. auf die Lefzen oder Maulwinkel.

Grundsätzlich wirkt jedes Gebiß um so schärfer, je dünner es ist. Man soll daher möglichst dicke Gebisse wählen, damit das Pferdemaul nicht abgestumpft wird.

Trensenarten

1. Einteilige oder ungebrochene Mundstücke bestehen aus Gummi, Hartgummi oder Metall und wirken sehr weich.
2. Das gebrochene Mundstück hat eine Preß- oder Nußknackerwirkung im Maul und wirkt schärfer als das gerade, ungebrochene Mundstück. Es gibt zahlreiche Arten gebrochener Mundstücke, so zum Beispiel *Olivenkopftrense* (verhindert ein Einklemmen der Maulwinkel), *Knebeltrense, Australische Knebeltrense* mit losem Ring (lose Ringe geben dem Mundstück Spiel; das Pferd kaut am Gebiß und bildet Speichel, was den Kiefer entspannt). Die *Wassertrense* (dickes, weiches Mundstück mit seitlichen Ringen) ist die in der Bundesrepublik Deutschland gebräuchlichste Gebißart. Es gibt auch Trensenarten mit einem Glied oder Löffel in der Mitte, wodurch die Nußknackerwirkung gemildert wird.

Der Kandarenzaum

Bestandteile

Die Kandare besteht aus zwei verschiedenen Gebissen: der Unterlegtrense (wie die normale Trense ein gebrochenes Gebiß, aber dünner und mit kleineren Ringen) und der ungebrochenen Kandarenstange. Anstelle des Hannoverschen Reithalfters verwendet man zur Kandare ein Englisches Reithalfter (rundum reichender verschnallbarer Nasenriemen, der 1 bis 2 cm oberhalb des Gebisses an der Jochbeinleiste anliegt). Zu Genickstück, Kehlriemen, Stirnriemen und zwei Backenstücken kommen also bei Kandarenzäumung noch hinzu:

1. zwei Kandarenbackenstücke.
2. Stange. Sie ist starr und hat zwei Seitenschenkel oder Bäume. In den oberen (Oberbaum) werden die Kandarenbackenstücke und die Kinnkette eingeschnallt, in den unteren (Unterbaum) die Kandarenzügel.
3. Englisches Reithalfter.
4. Kinnkette, die an den Kinnkettenhaken der Oberbäume eingehakt wird.
5. Kandarenzügel, gewöhnlich schmäler als der Zügel der Unterlegtrense.

Zweck des Stangengebisses

Die Kandare erlaubt dem Reiter, ein ausgebildetes Pferd mit feineren und unsichtbareren Hilfen zu reiten. Sie hilft, die Kiefer nachgiebig zu halten.

Die Stange sollte nicht ohne Unterlegtrense gebraucht werden, da ständiger Druck auf den Unterkiefer das Maul gefühllos macht.

Wirkungen des Stangengebisses

1. auf die Laden,
2. auf die Zunge,
3. Hebelwirkung auf den Unterkiefer je nach Länge der Bäume und der Kinnkette.

Bild 14. Zäumung auf Kandare.
a Genickstück; b Kehlriemen; c Trensenbackenstück; d Stirnriemen; e Kandarenbackenstück; f Englisches Reithalfter; g Nasenriemen; h Trensenzügel; i Kinnkette; k Kandarenzügel; l Unterlegtrense; m Kandarengebiß mit Kinnkettenhaken

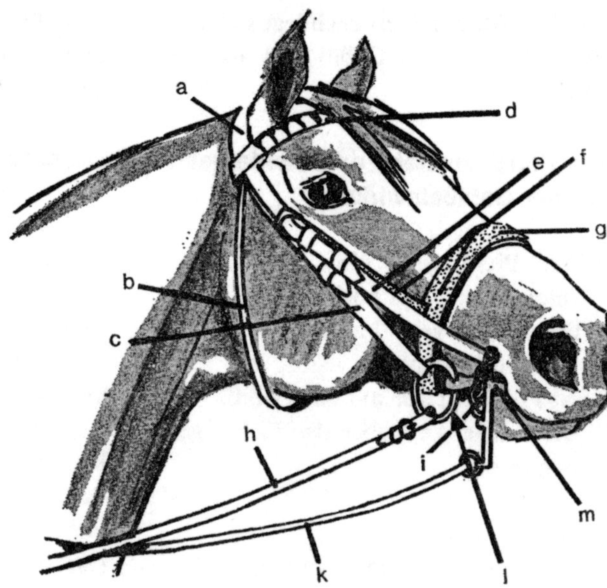

Stangengebißarten

1. Das Pumpgebiß mit gleitendem Mundstück ist die gebräuchlichste Art.
2. Das Pumpgebiß mit starrem Mundstück hat direktere Wirkung.
3. Die Banbury-Stange ist eine runde, in der Mitte verdünnte Stange, die mehr Zungenfreiheit gewährt. Das Mundstück paßt in Schlitze in den Bäumen, wodurch es sich drehen sowie auf und ab bewegen kann. Das hat den Zweck, daß das Pferd am Gebiß kaut und sich nicht daran festbeißt.

Andere Gebißarten

Pelham

Dieses Gebiß verbindet die Hebelwirkung der Kandare mit dem Trensengebiß. Es besteht aus einem normalen Trensenmundstück, an dem aber Seitenschenkel und eine Kinnkette angebracht sind. Es hat entweder geteilte Zügel (oben Trensen-, unten Stangenzügel) oder einen Deltazügel, der in der Oberhand als Trensen-, in der Unterhand als Kandarenzügel wirkt.

Kimblewick

Dieses pelhamartige Gebiß ist die Adaption einer spanischen Springkandare.
Es hat am Backenstück einen eckigen Ring (im Gegensatz zum üblichen runden) und bewirkt einen größeren Abwärtszug auf das Genick.
Bei tiefgehaltener Hand ist das Kimblewick sehr wirkungsvoll, um den Pferdekopf in die Tiefe zu bringen.
Es hat den Vorteil eines einzelnen Zügels und eignet sich besonders für Kinder, die ziemlich kräftige Ponys reiten.

Bei übermäßigem Gebrauch legt sich das Pferd aber auf das Gebiß und auf die Hand.

Das Pferd entzieht oder widersetzt sich der Gebißeinwirkung

a) Das Pferd geht über dem Zügel (nimmt den Kopf hoch).
b) Das Pferd geht hinter dem Zügel (verkriecht sich).
c Das Pferd legt sich auf das Gebiß.
d) Die Zunge wird über das Gebiß genommen.

Ursachen:

1. Furcht und Schmerz, entweder gegenwärtig oder in der Erinnerung.
2. Verletzung in der Mundhöhle, gequetschte oder aufgerissene Kinnladen.
3. Lückenzähne (molarartige Zähne mit kleiner Wurzel, die im Oberkiefer gerade vor den Backenzähnen auftreten. Siehe auch Seite 86).
4. Scharfe Gebisse.
5. Scharfe Zähne. Wenn die Zähne geraspelt werden müssen, kann die Haut zwischen Zähnen und Gebiß eingeklemmt werden.
6. Andere Unannehmlichkeiten:
   a) Gebiß ist zu schmal.
   b) Scharfe Kanten (vernickelte Gebisse müssen diesbezüglich kontrolliert werden).
   c) Falsch verpaßtes Hannoversches Reithalfter.
   d) Zu schmaler Stirnriemen, so daß die Basis der Ohren eingeklemmt wird (Pferd schüttelt den Kopf).
7. Das Pferd ist nicht fähig, das von ihm Verlangte auszuführen (ungenügendes Training).

Das Verpassen des Zaumzeugs

1. Der Kehlriemen soll so verschnallt werden, daß zwischen Riemen und Kehlgang des Pferdes eine Handbreit Platz bleibt. Er darf nie eng anliegen.
2. Der Stirnriemen muß unterhalb der Ohren liegen; er darf diese nicht berühren und den Sitz des Genickstükkes nicht beeinträchtigen. Er verhindert, daß das Genickstück nach hinten rutscht.
3. Das Englische Reithalfter muß oberhalb des Gebisses 1 bis 2 cm unter der Jochbeinleiste liegen. Es muß so lose sein, daß man zwei Finger flach zwischen Nasenriemen und Nasenbein stecken kann.
4. Das Hannoversche Reithalfter muß sorgfältig verpaßt werden. Der obere Teil des Nasenriemens soll 3 bis 4 Finger breit über dem oberen Nüsternrand liegen; der untere paßt in die Kinnkettengrube und wird so verschnallt, daß bei geschlossenem Maul 2 Finger flach zwischen Nasenriemen und Nasenbein passen.
5. Unterlegtrense und Stange dürfen weder so hoch liegen, daß sie die Lefzen des Pferdes nach oben ziehen, noch so tief, daß sie die Zähne berühren. Die Stange liegt 2 bis 3 cm oberhalb der Hakenzähne eines Hengstes (oder Wallachs) und 5 cm oberhalb der Eckzähne einer Stute. Man verwende nur Mundstücke in der kor-

rekten, dem Maul entsprechenden Breite. Ein zu schmales Mundstück klemmt, und ein zu breites verletzt die Maulwinkel. Die Unterlegtrense liegt oberhalb der Stange.

6. Die Kinnkette soll flach am Kinn anliegen. Das eine Ende wird am rechten Haken befestigt, dann dreht man die Kette glatt nach rechts, bis sie flach liegt. Mit dem Daumen nach oben hakt man das passende Glied am linken Haken ein. Die Kinnkette tritt in Aktion, wenn die Stangenbäume einen Winkel von 45 ° zum geschlossenen Maul bilden.
7. Man kontrolliere, ob alle Teile des Kopfstücks flach liegen, und glätte die Mähne. Muß das Genickstück des Reithalfters angepaßt werden, zieht man es am Genick hoch und auf der anderen Seite hinunter. Man stellt sich vor das Pferd und schaut nach, ob alles gerade sitzt, ob das oder die Gebisse horizontal im Maul liegen und ob alle Riemenenden in ihren Ösen stecken.

Reinigung des Zaumzeugs

Der Zaum sollte ungefähr einmal pro Woche auseinandergenommen und gereinigt werden, wobei alle Nähte kontrolliert werden.

Der Zaum wird an einen Haken gehängt, das Reithalfter entfernt und die Backenstücke bis zum untersten Loch hinuntergelassen.

Das oder die Gebisse und die Kinnkette (vorher abhaken!) werden gewaschen und getrocknet, anschließend — ebenso wie die Schnallen — poliert.

Alle Lederteile werden gewaschen und mit einem Hirschleder getrocknet, wie im Abschnitt „Reinigung des Sattels" beschrieben (siehe Seite 62). Danach werden sie mit Sattelseife eingeseift, wobei die Unterseite nicht vergessen werden darf. Der eingeseifte Schwamm wird um die Riemen gefaltet und auf und ab gerieben.

Wenn der Zaum auf einem Haken gereinigt wird, hält man ihn mit der einen Hand straff und reinigt mit der anderen. Beim Säubern der Zügel tritt man so weit vom Haken zurück, daß sie straff sind, und arbeitet von oben nach unten auf die Schnalle zu. Dann werden die Zügel an einen zweiten Haken gehängt, damit sie nicht wieder verunreinigt werden. Zum Schluß wird der Zaum wieder zusammengesetzt, wobei die Riemen in die richtigen Löcher eingeschnallt und die Riemenenden wieder in die vorgesehenen Ösen gesteckt werden.

Das Zaumzeug wird am besten auf einem Zaumhalter verwahrt, der entweder halbmondförmig oder rund ist, um das Kopfstück in Form zu halten. Wenn er genügend hoch an der Sattelkammerwand angebracht ist, läßt man die Zügel gerade hinunterhängen, sonst legt man sie mit der Schnalle ebenfalls über die Zaumhalter oder über einen zusätzlich angebrachten Zügelhaken.

Weiteres Zubehör

Das Stallhalfter

Stallhalfter sollen, genauso wie anderes Zaumzeug, korrekt sitzen. Das Genickstück muß gerade hinter den Ohren flach aufliegen und gleich hinter den vorspringenden Backenknochen parallel herunterhängen.
Der Nasenriemen sollte zwei Fingerbreit unterhalb der vorspringenden Backenknochen liegen und so locker sein, daß man zwei Finger zwischen Riemen und Nasenbein stecken kann. Der Stirnriemen muß so kurz sein, daß das Genickstück nicht den Hals hinunterrutscht, aber so lang, daß er die Ohren nicht scheuert.
Der Kehlriemen verhindert, daß das Genickstück über die Ohren rutscht, muß aber ganz locker sein. Zwischen dem Kehlriemen und den Backenknochen sollten vier Finger Platz haben, wenn der Kopf in der normalen Stellung gehalten wird.
Nachdem das Halfter dem Pferdekopf angepaßt wurde, wird die Führleine am Nasenriemen mit einem festen, nicht mit einem gleitenden Knoten verknüpft, da letzterer das Halfter übermäßig verengen würde.

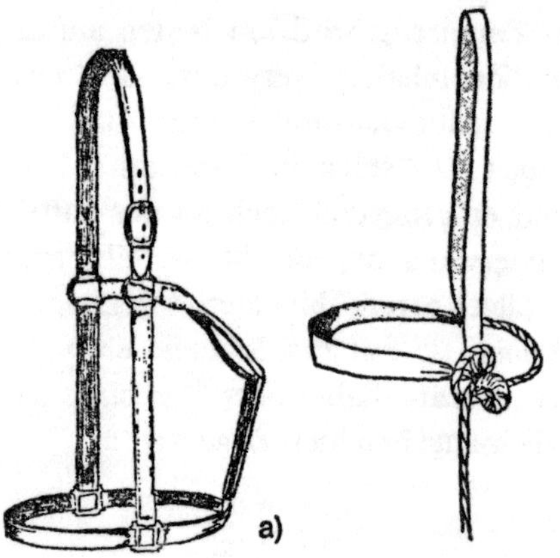

Bild 15. a) Lederhalfter, b) Halfter mit nicht gleitendem Knoten

Das Martingal

Martingale sind Hilfszügel, die verhindern sollen, daß das Pferd den Kopf zu hoch nimmt und sich so der Einwirkung des Reiters entzieht. Dieses Hilfsmittel sollte aber nicht mangelnde dressurmäßige Ausbildung ersetzen.
Das Martingal wird am einen Ende mit einer Schlaufe unter der Brust des Pferdes am Sattelgurt befestigt, läuft zwischen den Vorderbeinen des Pferdes hindurch nach oben durch eine Öffnung im dazugehörigen Halsriemen und teilt sich dann in zwei gleich lange Gabelenden. Durch die daran befestigten beiden Ringe wird ein Trensenzügel geführt.
Auf den Zügeln müssen zwischen den Ringen des Martingals und denen der Trense zwei lederne Stege, die Martingalschieber, angebracht sein, damit sich die Martingalringe nicht in den Zügelschnallen verhaken können.
Das Irische Martingal ist ein 10 bis 15 cm langer Lederriemen mit einem Metallring an jeder Seite. Durch diese Ringe laufen die Zügel. Man erreicht damit bei Pferden, die stark mit dem Kopf schlagen, daß die Zügel an den Halsseiten anliegen.

Das Vorderzeug

Jagdvorderzeug: Halsriemen, der an den vorderen Ringen des Sattels beidseits des Widerrists und unter der Brust des Pferdes am Gurt befestigt wird. Er verhindert, daß der Sattel nach hinten rutscht.

Verpassen: Zwischen dem Halsriemen und dem Widerrist muß man eine Handbreit Spielraum lassen. Die am Gurt und den Ringen des Sattels befestigten Riemen müssen flach liegen, ohne angespannt zu sein, wenn das Vorderzeug korrekt liegt.

Aintree-Vorderzeug: Ein Gurtband- oder Elastikriemen verläuft um die Brust und wird an den Gurtenstrippen unter den Sattelblättern befestigt. Ein Lederriemen über dem Hals vor dem Widerrist hält den Brustriemen in Stellung. Der Brustriemen darf nicht so hoch liegen, daß er die Bewegungsfreiheit des Halses beeinträchtigt.

Der Schweifriemen

Ein Lederriemen, der am hinteren D-Ring des Sattels befestigt wird und mit einer Öse um den Schweif führt. Er verhindert, daß der Sattel nach vorn rutscht.

Verpassen: Er muß angebracht werden, wenn der Gurt noch locker oder offen ist. Man stellt sich neben das linke Hinterbein, faßt den Schweif mit der rechten Hand und führt ihn durch den Schweifriemen. Dieser wird gut unter den Schweif hinaufgezogen, und alle Haare werden geglättet. Der Schweifriemen darf nicht so kurz sein, daß er den Schweif hochzieht.

Bild 16

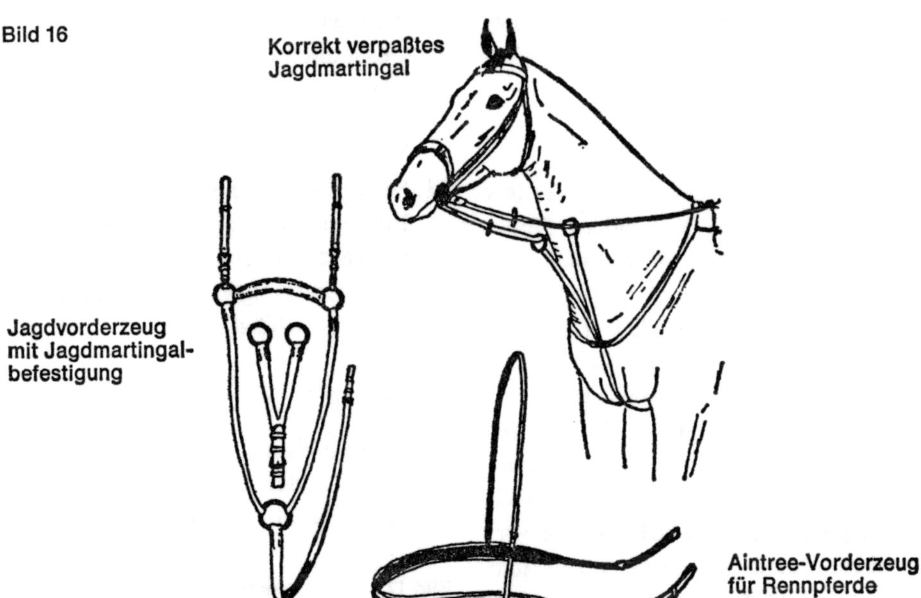

Gamaschen, Bandagen und Decken

Gamaschen

Zweck

1. Schützen das Bein vor Verletzungen beim Transport oder speziell
   a) durch Anschlagen beim Springen fester Hindernisse etc.
   b) durch Streichen im Bereich des Fesselkopfes und des Röhrbeins, wenn infolge nicht korrekt gestellter Vorder- bzw. Hinterhand (Gebäudefehler) die Innenseite des Beins vom gegenüberliegenden Bein gestreift wird;
   c) durch Greifen: die Spitze des Hintereisens schlägt gegen Röhrbein oder Fesselkopf. Verletzung: meistens Kronen- oder Ballentritte.
2. Stützen die Sehnen der Vorderbeine.
3. Unterstützen die Heilung bei Verletzungen, halten zum Beispiel Verbände fest.

Arten

1. Galoppiergamaschen für Vorder- und Hinterbeine, verhindern Röhrbeinprellungen bei Spring- und Hindernisrennpferden.
2. Kniegamaschen für den Transport sowie zum Schutz der Knie von jungen Pferden beim Einspringen.
3. Polo-Gamaschen mit Kronenkappen, meist aus Filz, zum Schutz beim Polospiel. Sie sind gewöhnlich mit einem festen Elastikeinsatz versehen, damit sie enger sitzen und besser stützen.
4. Streifkappen aus Leder mit fester, gummigefütterter Lederkappe.
5. Sehnenschoner haben hinten ein festes Polster, das dem Bein angepaßt ist. Sie bieten Schutz gegen hohe Greifverletzungen und schützen die Sehnen, vor allem beim Einspringen.
6. Sehnenschoner mit Hufkronenschutz (auch abnehmbar) gegen Greifverletzungen in der Fesselkopfgegend (Kronen- und Ballentritte).
7. Sprunggelenkgamaschen bestehen aus dickem Filz oder Leder, das die Sprunggelenke beim Transport schützt.
8. Gummi- bzw. Sprungglocken als Schutz gegen das Greifen und Anschlagen.
9. Krankenschuhe aus Gummi gibt es in niedriger und hoher Form; die niedrige ist für Hufverletzungen, die hohe auch für nasse Umschläge geeignet.
10. Gesundheitsgamaschen mit dicker Wattelage, auch mit Schutzpolster, das um die Krone gelegt wird bei Verletzungen, besonders Stollbeulen.
11. Schlägergamaschen sind aus dickem Filz und werden für Stuten beim Deckakt verwendet, um den Hengst vor Verletzungen zu schützen, falls die Stute schlägt.

Bandagen

Allgemeine Regeln

1. Bandagen dürfen nie so straff angezogen werden, daß sie die Blutzirku-

Bild 17 (rechts). Verschiedene Gamaschen und Bandagen

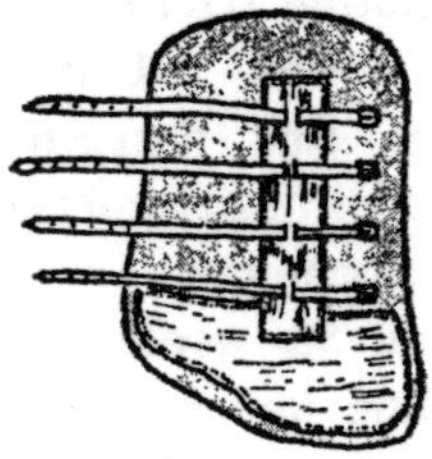

Transportgamasche

Sprunggelenk-gamasche

Krankenschuh aus Gummi

Sprungglocke

Hufkronenschutz aus Gummi

Schutzhülle für nasse Umschläge

Elastik-Kniebandage

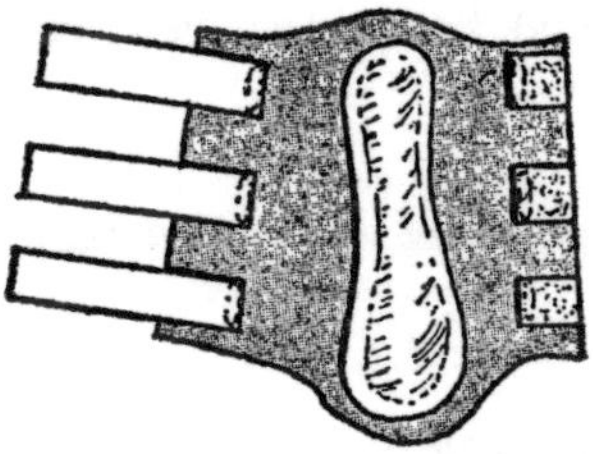

Vorderer Sehnenschoner

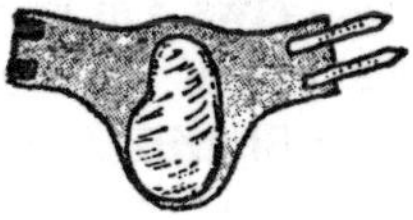

Hinterer Sehnenschoner

Kniegamasche

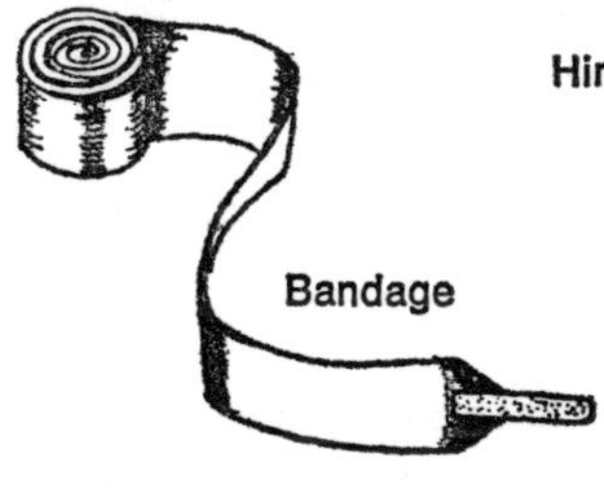

Bandage

lation hemmen, und sie müssen gleichmäßig fest gewickelt sein.

2. Die Bänder sollen nicht fester geknüpft werden als die Bandage selbst. Dies könnte nämlich das Bein anschwellen lassen und schließlich zu permanenten Schäden führen.
3. Die Bänder werden auf der Außenseite des Beins verknüpft, nie vorn über dem Knochen oder hinten über der Sehne. Man knüpft eine Schleife und steckt deren Enden glatt unter die Bandage (nie mit Sicherheitsnadeln befestigen, besser mit Plastikklebeband).
4. Beim Bandagieren von Verletzungen am Körper oder von angeschwollenen Beinen verwendet man viel Zellstoff oder Watte und bandagiert ziemlich locker.

Zweck, Arten und das Anbringen von Bandagen

Wärme: Stallbandagen

werden im Stall oder beim Transport verwendet, bestehen aus Flanell oder Wolle, sind etwa 3 m lang und ca. 12 cm breit. Sie halten die Beine warm und fördern die Blutzirkulation.

Einbandagieren: Man beginnt gerade unter dem Knie oder Sprunggelenk und führt die Bandage das Bein hinunter über die Fessel bis zur Krone.

Stütze: Arbeitsbandagen

sind etwas kürzer als Stallbandagen und 6 bis 8 cm breit. Sie werden bei der Arbeit verwendet, um die hinteren Sehnen oder schwache und gezerrte Sehnen zu stützen oder um das Bein vor Verletzungen zu schützen (Dornen etc.). Am praktischsten sind Elastikbinden; Schlauchbinden sind dagegen ungünstig, da sie sich leicht zusammenschieben und dadurch einschnüren.

Einbandagieren: Sie werden über Zellstoff oder Watte (am besten breit liegende Polierwatte) ziemlich fest angezogen, wobei man gleich unter dem Knie beginnt und gleich oberhalb der Fessel aufhört. Man rollt 25 cm ab und hält das abgerollte Stück in der Nähe des Knies an der Außenseite schräg an das Bein. Dann fährt man mit der Bandagerolle einmal herum und läßt das Ende an der Außenseite des Beines herunterhängen. Jetzt wird sauber das Bein hinab über das herunterhängende Ende bandagiert. Bei der Fessel schlägt man das Ende nach oben um und bandagiert weiter das Bein hinauf, so weit die Rolle reicht. Dann wie Stallbandagen binden. Für Rennen werden die Bandagen mit starkem Zwirn festgenäht. Bei schwerem Boden hält man die Bandagen mit breitem Klebeband fest.

Man soll Stützbandagen nur verwenden, wenn sie wirklich nötig sind, zum Beispiel für ein untrainiertes oder müdes Pferd, das Tendenz zu Lahmheit aufweist.

Bandagen für Bähungen und Breiumschläge

werden bei Zerrungen und Verstauchungen angewandt. Eine in warmem Wasser ausgewrungene Bandage anbringen und anschließend zwei trockene Bandagen darüberwickeln.

Kaltwasser-Bandagen
werden angewandt, um Wärme aus dem Bein herauszuziehen, und bestehen aus Flanell. In kaltem Wasser auswringen und das Bein damit bandagieren. Häufig erneuern, sonst erwärmen sie sich zu rasch.

Schwitzbandagen
werden angewandt, um eine Schwellung oder Verdickung des Beines zu reduzieren. Man wringt dazu Leinen- oder Flanellbandagen in heißem oder kaltem Wasser aus und bandagiert das Bein damit. Mit einem Plastik- oder Wachstuch zudecken und eine Stallbandage darüberwickeln.

Druckbandagen
werden im Stall angewandt zur Behandlung von Gallen und Schwellungen, die mit überanstrengten Sehnen zusammenhängen. Es sind Baumwoll- oder Crêpebandagen, über Zellstoff oder Watte gewickelt. Der Zweck ist, einen gleichmäßigen Druck auszuüben und die Schwellung zu verteilen. Es gibt dafür auch elastische Socken nach dem gleichen Prinzip wie die von Menschen getragenen Stützstrümpfe, und zwar drei

Bild 18

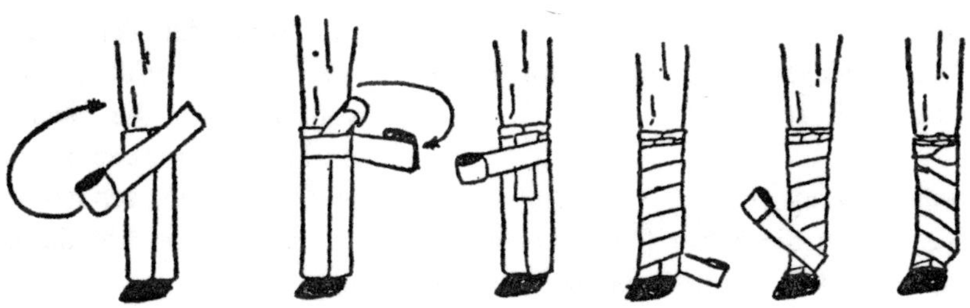

Stall- oder Transportbandage

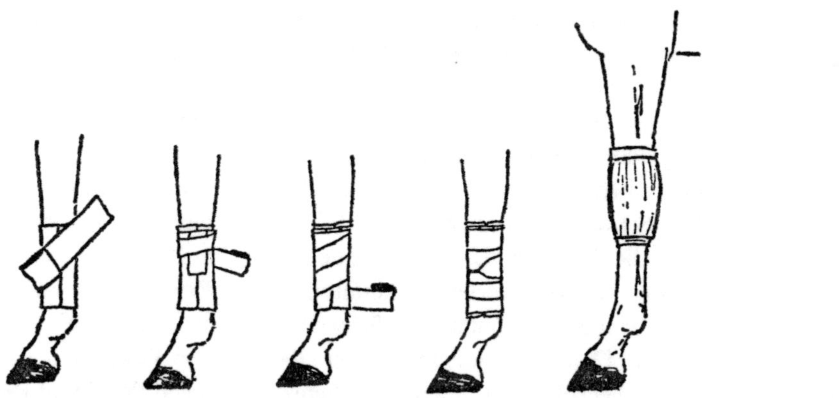

Arbeits- oder Druckbandage

Kniebandage

Arten für Sehnen, Fessel oder Sprunggelenk. Sie können sowohl bei der Arbeit als auch im Stall getragen werden, bieten eine gute Stütze und geben auf ihrer ganzen Länge einen gleichmäßigen Druck. Man kann sie auch verwenden, um einen Verband oder Breiumschlag festzuhalten.

Ausbandagieren

Die Bänder aufknüpfen und die Bandage schnell abrollen, indem man sie von einer Hand in die andere um das Bein führt. Die Bandage nie aufrollen, während man sie entfernt! Nach dem Ausbandagieren massiert man Sehnen und Fesseln kräftig mit den Handflächen.

Die Bandagen hängt man zum Trocknen und Lüften auf.

Schweifbandage

Sie schützt die Schweifrübe vor Verletzungen oder Scheuern beim Transport und hält die Haare des frisierten Schweifes in Ordnung. Sie besteht aus Baumwoll- oder Crêpegewebe und ist 6 bis 8 cm breit. Der Schweif darf nie die ganze Nacht einbandagiert bleiben. Die Bandage nicht zu eng anziehen und die Bänder nie enger als die Bandage selbst verknüpfen, sonst können die Schweifhaare permanent geschädigt werden!

Der Schweif wird angefeuchtet (niemals aber die Bandage, da diese eingehen und so den Schweif verletzen könnte). Die linke Hand wird unter den Schweif gehalten. Dann werden 15 cm der Bandage abgerollt und unter den Schweif gehalten, wobei die linke Hand das Ende hält, bis dieses abgerollte Stück fixiert ist. Man wickelt die Bandage zweimal herum, um sie zu fixieren, und fährt dann weiter oben zweimal herum, um die Haare am Schweifansatz zuzudecken. Die Bandage wird dann gleichmäßig nach unten um den Schweif gewickelt, wobei man beim letzten Schwanzwirbel aufhört. Der so bandagierte Schweif wird sachte in eine bequeme Stellung zurückgebeugt.

Zum Entfernen faßt man die Bandage fest in der Nähe des Schweifansatzes und zieht sie nach unten weg.

Decken

Stalldecke: für den Tag meist Leinen oder Jute, ungefüttert oder mit Baumwollfutter, für die Nacht mit Wollfutter. Hält geschorene oder kranke Pferde im Stall warm, schützt erhitzte Pferde vor zu rascher Abkühlung und Erkältung.

Transportdecke: aus ungefüttertem Segeltuch oder Leinen mit Baumwollfutter. Schützt vor Zug beim Transport.

Fliegendecke: aus feinem gitterartigen Baumwollgewebe. Kann auch als Anti-Schweißdecke (zum Beispiel bei Pferden, die nach einer Jagd nachschwitzen) unter der Stalldecke verwendet werden.

Sommerdecke: leichte Decke aus Leinen, Baumwollkörper oder dünnem Wollstoff.

Regendecke: aus wasserdichtem Segeltuch, eventuell mit Wollstoff gefüttert. Für Pferde auf der Weide zum Schutz gegen Wind und Regen.

Winterdecke: aus kräftigem Wollstoff.

Zur Befestigung der Decken benötigt man, wenn sie keine aufgenähten Dekkengurte haben, separate Ledergurte. Die meisten Decken sind außerdem mit Brustschnallen oder Brustriemen und mit Schweifriemen versehen.

Verpassen

Es ist wichtig, daß die Decken richtig passen, das heißt, sie müssen so bemessen sein, daß sie keinen Druck auf die Wirbelsäule ausüben, was den Rücken schädigen könnte.

Wenn man sie speziell anfertigen läßt, benötigt man zwei Maße: a) Länge vom Widerrist bis zur Schweifwurzel über den Rücken gemessen, b) Länge von der Brustmitte bis zur Hinterhand an der Seite gemessen.

Am geeignetsten sind Decken mit zwei aufgenähten Gurten, von denen der vordere beidseitig gepolstert ist, um Druck zu verhindern. Decken mit zwei schräg aufgenähten Gurten, die sich unter dem Bauch des Pferdes kreuzen, sind ebenfalls gut. Separate Gurte aus Leder oder Gurtband sind weniger befriedigend. Sie müssen sorgfältig verpaßt und gepolstert sein.

Um zu verhindern, daß das Pferd vor dem Widerrist durch die Decke gescheuert wird, kann man ein Stück Schaffell an die Innenseite der Decke nähen.

Pflege

Sämtliche Decken müssen saubergehalten und regelmäßig gebürstet und gelüftet werden.

Alle Lederteile erfordern regelmäßiges Einfetten oder Einseifen. Metallschnallen sollen geölt und mit einem dünnen Fettfilm versehen werden.

Sommerdecken können gewaschen werden, aber die Lederteile müssen zuerst entfernt und nachher wieder angebracht werden. Winterdecken, die während der Sommermonate nicht in Gebrauch sind, sollten gereinigt, wenn nötig geflickt und dann mit Mottenkugeln zwischen Zeitungspapier aufbewahrt werden, bis man sie wieder braucht.

V Pferdetransport

Beim Transport von Pferden sind in der BRD die Bestimmungen des Tierschutzgesetzes zu beachten, außerdem die entsprechenden polizeilichen Richtlinien. Das Bundesverkehrsministerium hat Merkblätter mit genauen Angaben über die an Viehtransportfahrzeuge zu stellenden Mindestanforderungen herausgegeben.

Lufttransport

Renn- und Equipenpferde, die weite Reisen unternehmen müssen, werden heutzutage fast ausschließlich auf diese Weise transportiert.

Lufttransport ist dem Seetransport weit überlegen. Die Reisen dauern nur noch Stunden statt Tage, und die Pferde verlieren dabei die Kondition nicht.

Die Kosten sind allerdings sehr hoch.

Pferde erhalten meistens für eine Luftreise ein Beruhigungsmittel, aber man sollte hier den Rat des Tierarztes einholen.

Seetransport

Im Vergleich zum Lufttransport sehr langsam.

Die Kosten sind ebenfalls sehr hoch, so daß auch diese Transportart nur für wenige Pferdehalter in Frage kommt.

Fast alle Pferde verlieren bei Seetransport an Gewicht und Kondition. Sie werden oft während der Reise oder bei der Ankunft am Ziel von Husten und Viren befallen. Bei bewegter See leiden die Pferde in beträchtlichem Maße.

Schienentransport

Eisenbahntransport (in einem geschlossenen Güterwagen) kann, wenn viele Pferde an ein relativ weit entferntes Ziel zu bringen sind, die günstigste Beförderungsart sein. Die Kosten richten sich nach der Entfernung, sind aber pro Pferd um so günstiger, je mehr Pferde in einem Waggon untergebracht werden können. In der Bundesrepublik Deutsch-

land wird außerdem noch die Desinfektion des Waggons berechnet.
Die Bundesbahn stellt keinen Begleiter zur Verfügung, das heißt, der Absender muß nötigenfalls selbst für einen Pfleger sorgen!

Straßentransport

Bestes System für Überlandtransport von Pferden bei Entfernungen von ca. 200 km.

Anhänger

Gebräuchlichste Form des Überlandtransportes und meistens die billigste Art, um 1 bis 3 Großpferde oder 1 bis 4 Kleinpferde zu transportieren. Manche Anhänger sind aber in Höhe und Breite zu knapp bemessen und für die Pferde nicht bequem. Viele Pferde werden durch schlechte Erfahrungen beim Ein- oder Ausladen oder während der Fahrt in Anhängern für den Transport verdorben. Außerdem wissen viel zu wenig Autofahrer wirklich, wie sie mit einem Tier im Anhänger anfahren, halten, wenden oder rückwärts setzen müssen. Wagen mit Anhänger bilden daher oft eine Gefahr für den Verkehr.
Es ist wesentlich, daß Anhängevorrichtung, Bremsen, Licht, Verbindungskabel und Anhängerboden regelmäßig kontrolliert werden. Außerdem darf die tatsächliche Anhängelast (= Gewicht des Hängers + Gewicht des Hängerzubehörs + Gewicht des oder der Pferde) die jeweils amtlich zulässige Anhängelast (siehe Kraftfahrzeugpapiere und Typenschild der Anhängevorrichtung) nicht überschreiten.

Transporter

Bei weitem das beste System für den Überlandtransport von Pferden. Das Pferd hat genügend Kopfraum (äußerst wichtig bei jungen und nervösen Tieren!), das Wageninnere ist hell und geräumig, die Tiere werden nicht so stark durchgerüttelt wie häufig in Anhängern. Nervöse Pferde, die sich weigern, in Anhängern zu fahren, fühlen sich oft im Transporter ganz wohl.

Reisevorbereitungen

Die Gesundheit des Pferdes sollte geprüft werden. Eine tierärztliche Untersuchung ist empfehlenswert, um festzustellen, ob keine ansteckende Krankheit vorliegt, vor allem, wenn das Pferd verkauft wird.
Bei grenzüberschreitenden Transporten erkundige man sich rechtzeitig, ob ein tierärztliches Zeugnis (wie etwa bei einigen zwischenstaatlichen Grenzen in den USA) erforderlich ist und welche sonstigen Formalitäten zu erfüllen sind.
Der Empfänger des Pferdes sollte von der ungefähren Ankunftszeit benachrichtigt werden.
Falls das Pferd zu einer Ausstellung oder Konkurrenz fährt, soll die am Ziel benötigte Ausrüstung vorbereitet werden.
Auch für kurze Fahrten, zum Beispiel

am gleichen Tag hin und zurück, muß ein Eimer und ein voller Wasserkanister mitgeführt werden. Ist eine lange Reise vorgesehen, muß genügend Heu und Futter für die ganze Fahrt mitgenommen werden.

Vorkehrungen am Abfahrtstag

Die Mitnahme von warmen oder leichten Decken hängt von Klima und Jahreszeit ab. Ob die Decken getragen werden oder nicht — man sollte sie zum eventuellen Gebrauch während der Reise oder nach der Konkurrenz mitnehmen.

Die Beine werden mit Stallbandagen über viel Watte oder Zellstoff oder mit Transportgamaschen geschützt. Springglocken an den Vorderbeinen sind ein zusätzlicher Schutz. Knie- und Sprunggelenkgamaschen sind vor allem bei langen Reisen empfehlenswert.

Ein Schweifschoner verhindert Verletzungen des Schweifes oder Scheuern, das den Schweif unansehnlich macht. Für kurze Reisen bandagiert man den Schweif unter dem Schweifschoner mit einer Crêpe-Bandage, die nicht zu eng angezogen werden darf.

Ein Lederhalfter ist dem Strickhalfter vorzuziehen. Es muß stark sein, gut sitzen und mit einem etwas längeren Anbindestrick als normal versehen sein. Für lange Reisen wird das Halfter an den Stellen, wo es scheuern könnte, mit Schaffell gepolstert.

Ist das Pferd kopfscheu oder nervös, wird ein Genickschutz angelegt.

Das Verladen

Ist das Pferd an Reisen gewohnt, wird es ruhig die Rampe hinaufgeführt und an Ring oder Stange des Transporters oder Hängers mit einem schnell zu lö-

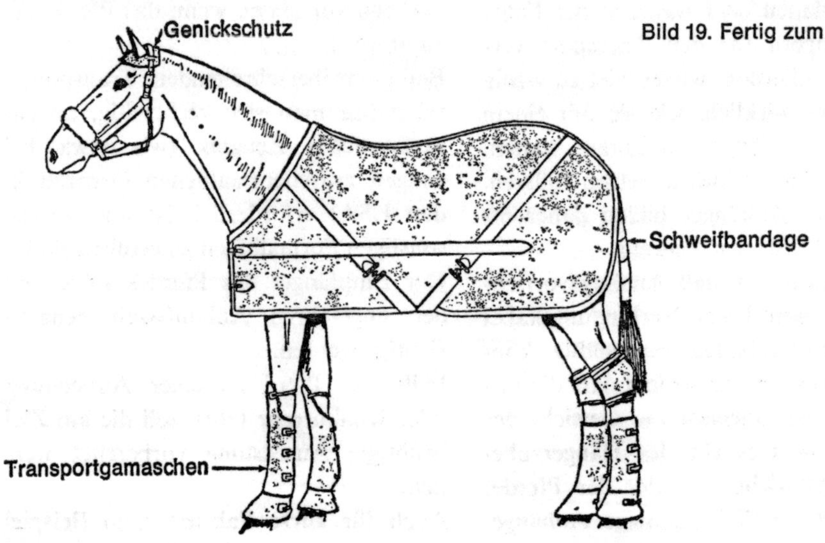

Bild 19. Fertig zum Transport

senden Knoten festgebunden. Man hängt ein Netz voll Heu in Reichweite auf.

Ist das Pferd schwierig zu verladen, versuche man

a) zuerst einen Stallgefährten zu verladen und gleich hinter diesem die Rampe hinaufzugehen,
b) es mit Hafer zu locken. In jedem Fall sollte ein scheues Pferd mit Hafer belohnt werden, sobald es im Transporter ist, und es sollte weiterhin bei jedem Verladen eine Belohnung erhalten, bis es seine Furcht überwunden hat.
c) Zwei Longen werden beidseits der Verladerampe oder an einer günstigen Stelle am Eingang befestigt. Die Longen werden auf dem Boden liegen gelassen, während je eine Person bereitsteht, um sie am Ende zu fassen. Das Pferd wird ruhig an die Rampe herangeführt und gerade hingestellt. Die Helfer heben nun die Longen an den Enden auf und gehen ruhig aufeinander zu und aneinander vorbei, so daß sich die Longen kreuzen und gerade oberhalb der Sprunggelenke auf den Hinterbeinen des Pferdes liegen. Die Longen oder Leinen werden langsam, aber mit Bestimmtheit von der Seite her angezogen, so daß sie sich hinter dem Pferd verengen, während es die Rampe hinaufgeführt wird.

Wirklich schwierig zu verladende Pferde werden zusätzlich zum Halfter noch auf Trense gezäumt. So hat man mehr Gewalt über das Tier, falls es steigen oder durchgehen will. Beim Verladen von Pferden sollen alle Anwesenden, außer der Person, die das Pferd führt, in genügendem Abstand von der Rampe und der Hinterhand des Pferdes stehen. Sogar ein Pferd, das sich willig verladen läßt, könnte beim Einsteigen abgehalten werden, wenn Leute vor ihm stehen.

Die meisten Spediteure, die Pferdetransport betreiben, haben auch Erfahrung beim Verladen von schwierigen Pferden, so daß die Aufgabe oft bedenkenlos ihnen überlassen werden kann. Bei Reisen, die mehrere Tage dauern und bei denen keine Übernachtungen vorgesehen sind, muß man dafür sorgen, daß die Pferde während kurzen Stopps bewegt werden können. Auch müssen sie genau beobachtet werden, da manche im Transporter nicht stallen. Das Zurückhalten des Urins kann sehr rasch zu ernsten Gesundheitsschäden führen.

VI Das gesunde Pferd

Zeichen guter Gesundheit

1. Das Pferd ist aufmerksam, hält den Kopf erhoben und zeigt lebhaftes Ohrenspiel.
2. Die Augen glänzen und ihre Bindehäute sind lachsfarben.
3. Die Haut ist geschmeidig und locker, das Haarkleid glänzend.
4. Der Kot ist gleichmäßig geformt und bricht beim Aufschlagen auf dem Boden auf. (Das Pferd mistet acht- oder neunmal pro Tag, wobei die Exkremente dem Futter entsprechend von grünlicher oder goldbrauner Farbe sein sollen.)
5. Das Pferd ist gut bemuskelt.
6. Die Körpertemperatur beträgt 37,5 bis 38 °C.

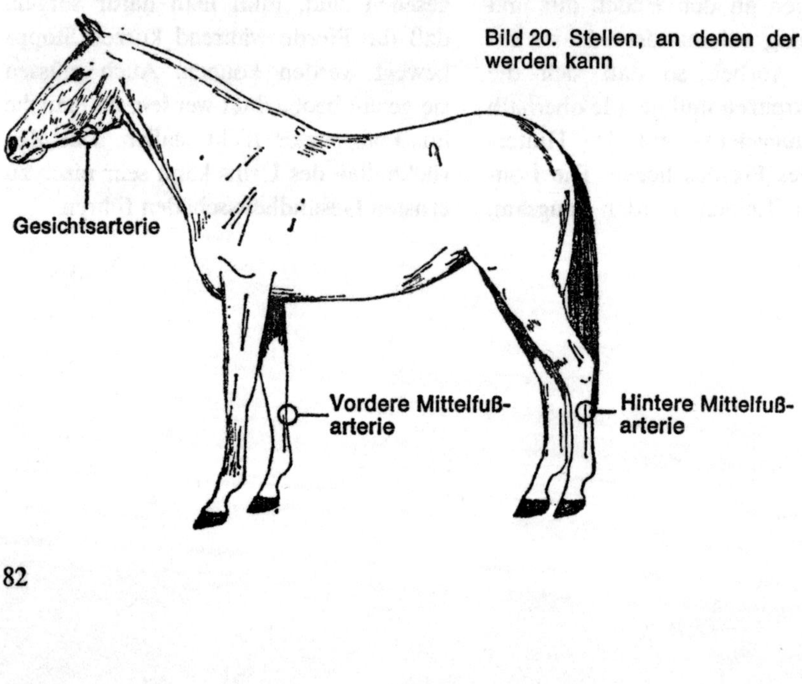

Bild 20. Stellen, an denen der Puls gefühlt werden kann

7. Der Puls schlägt 26- bis 42mal pro Minute.
8. Das Pferd macht 8 bis 15 Atemzüge pro Minute.

Pulsmessung

Der Puls des Pferdes wird normalerweise an der Angesichtsarterie (A. facialis) am Unterkiefer gemessen (siehe Bild 20). Bei Entzündungen im Huf kann der Puls auch an der Vordergliedmaße kurz unterhalb des Karpalgelenks innen an der Rückseite des Röhrbeins gefühlt werden (vordere Mittelfußarterie). An der Hintergliedmaße ist er dann an der Außenseite unterhalb des Sprunggelenks auf dem Röhrbein fühlbar (hintere Mittelfußarterie). Beim gesunden Pferd schlägt der Puls 36- bis 42mal pro Minute.

Temperaturmessung

Die Körpertemperatur wird im After gemessen. Thermometer mit Vaseline einstreichen, Schweifrübe sanft heben und das Thermometer unter Drehbewegungen einschieben. Während mindestens einer Minute so halten. Herausziehen und ablesen.
Für das erwachsene Pferd beträgt die Normaltemperatur 37,5 bis 38 ° C und für das Fohlen zwischen 38 und 38,5 ° C. Ein Temperaturanstieg darüber ohne vorhergehende Arbeitsleistung oder große Erregung ist abnormal und kann eine ernste Krankheit anzeigen. Tierarzt rufen!

Atmungsmessung

Die Flanken von hinten beobachten. Es sollen 8 bis 15 regelmäßige Atemzüge pro Minute gezählt werden.

Atmungskontrolle

Das Pferd auf kleinem Kreis traben und galoppieren lassen. Beim Herannahen achte man besonders auf Geräusche bei der Einatmung.
Das Pferd galoppieren lassen, danach die Flanken beobachten. Scheint das Pferd bei der Ausatmung zwei Stöße zu geben, indem es mit den Bauchmuskeln nachpreßt, ist der Verdacht gegeben, daß es dämpfig ist (es hat eine übermäßige Erweiterung oder Zerreißung der Lungenbläschen, wobei die Atemfläche kleiner wird; siehe Seite 147 f.).
Bei diesem Atemtyp tritt die sogenannte *Dampfrinne* an der seitlichen Bauchwand in Erscheinung.

Das Pferd in guter Kondition

Ist ein Pferd physisch gesund und kann ohne Anstrengung die von ihm verlangte Arbeit ausführen, so sagt man, „es ist in guter Kondition“.

Diese hängt ab von:
a) guter Fütterung,
b) genügend Bewegung,
c) guter Pflege im Stall (gründliches Putzen, Massage),
d) sorgfältiger Gesundheitsüberwachung.

Fütterung

1. Nur erstklassiges Futter verabreichen, die beste Haferqualität und gut abgelagertes, staubfreies Heu.
2. Zu regelmäßigen Zeiten füttern.
3. Pferde, die nach dem Weidegang in den Stall gebracht werden, sollen während mindestens einer Woche nur angefeuchtete Kleie und bestes Heu bekommen.
   Die Umstellung von Gras auf Trokkenfutter kann zu Verdauungsstörungen und Husten führen.
4. Die Menge des verabreichten Hafers entsprechend der gesteigerten Arbeit von ca. 4 kg langsam auf ca. 6 kg erhöhen, während das Pferd an Kondition gewinnt.
5. Keine plötzlichen Umstellungen in der Fütterung vornehmen.

Gute Pflege im Stall

1. Der Stall muß gut gelüftet sein.
2. Tägliches gründliches Putzen ist für die Gesundheit von wesentlicher Bedeutung.

Bewegung

Mit Schrittarbeit beginnen. Rasch auf 40 Minuten pro Tag steigern.
Schritt und verhaltener Trab sollten so lange wie möglich ausgeführt werden. Nach 14 Tagen soll das Pferd 1 bis $1^1/_2$ Stunden pro Tag bewegt werden.
Gleichmäßiger Trab bergauf an schwachen Steigungen ist ein ausgezeichnetes Training für die Muskeln der Hinterhand und zur Verbesserung der Atmung.
Das auf der Weide angesetzte Fett wird bei ausdauernder, langsamer Arbeit durch Muskeln ersetzt. Man soll nicht kantern oder galoppieren, solange das Pferd dick ist (schnelle Arbeit kann dann die Atmung beeinträchtigen und den Beinen schaden).
Wenn das Pferd im Leistungssport eingesetzt ist, braucht es nebenher wenig Bewegung. Am Tag nach einer Jagd genügen zum Beispiel $^3/_4$ Stunden Bewegung, um die Beine zu strecken, und an den übrigen Tagen 1 bis $1^1/_2$ Stunden Arbeit.

Die Zähne

Abschnitte der Zähne

Die Zahnwurzel
ist derjenige Teil des Zahns, der im Kiefer eingebettet ist. Er ist hohl (Pulpahöhle) und umschließt Blutgefäße und Nerven, die den Zahn schmerzempfindlich machen und ihn nähren. Die Pulpahöhle wird nach und nach mit Zahnbein (Dentin) ausgefüllt, das eine hellere Farbe als die Umgebung hat. Wenn der Zahn bis zu dieser Ebene abgenützt ist, erscheint dieses helle Dentin in der Mitte der Kaufläche als kleiner weißer Fleck (Kernspur).

Die Krone
wird von dem Zahnteil gebildet, der über den Kiefer heraustritt. Zuerst ist sie mit Zement bedeckt, der aber abge-

nützt wird und den Zahnschmelz freigibt. An der Kaufläche der Pferdezähne tritt außerdem stets Dentin zutage.

Kunde
heißt die dunkle Einbuchtung in der Kaufläche der Schneidezähne. Sie wird von einem deutlichen schmalen Zahnschmelzring (Kundenring) eingefaßt, der sichtbar und fühlbar ist. Im neuen Zahn ist die Kunde breit und tief (unten 6 mm, oben 12 mm), mit dem zunehmenden Alter und der Abnützung verschwindet sie nach und nach völlig (pro Jahr 2 mm).

Zahnarten

Das Pferd wechselt die Zähne. Zuerst bildet sich das Milchgebiß, das vom zweiten oder Ersatzgebiß abgelöst wird. Die Milchzähne sind viel kleiner und weißer als die bleibenden Zähne.

Schneidezähne (= Beißzähne)
Jede Kieferhälfte hat 3 Schneidezähne, auch beim Milchgebiß. Sie liegen vorn im Maul und werden als Zangen-, Mittel- und Eckzähne bezeichnet.

Hakenzähne
Die Hakenzähne liegen im Kiefer etwas weiter hinten als die Schneidezähne und nehmen den Raum zwischen Schneide- und Backenzähnen ein. In jeder Kieferhälfte ist ein Hakenzahn ausgebildet. Sie erscheinen im Alter von $3^1/_2$ bis 4 Jahren, und zwar normalerweise nur beim männlichen Tier (sonst: Hakenstute). Mit $4^1/_2$ bis 5 Jahren sind sie voll ausgebildet.

Bild 21. Links Längsschnitt durch einen Schneidezahn (unterer Eckzahn), rechts Kaufläche des Zahns in verschiedenen Lebensaltern.

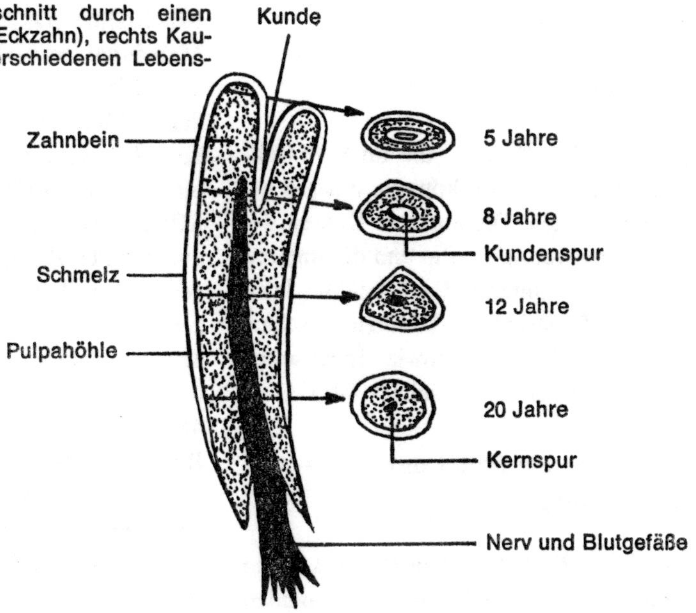

Backenzähne (= Mahlzähne)
In jeder Kieferhälfte befinden sich beim Ersatzgebiß 6 Backenzähne (3 Prämolaren und 3 Molaren). Sie bilden die seitliche Fortsetzung des Zahnbogens. Im Milchgebiß sind nur die Prämolaren vorhanden; die Molaren werden nicht gewechselt.

Lückenzähne
Molarenähnliche Zähne, die häufig im Oberkiefer gerade vor den Backenzähnen erscheinen. Sie haben nur kleine Wurzeln und sind die Überreste von Zähnen, die beim Eozän-Pferd gut entwickelt waren.
Lückenzähne können in den ersten 6 Monaten durchbrechen und fallen oft gleichzeitig mit den dahinterliegenden Milchzähnen aus. Fallen sie nicht von selbst aus, sollten sie vom Tierarzt entfernt werden, da sich die Mundstücke daran verfangen können.

Das Raspeln der Zähne

Die scharfen Kanten, die an den Backenzähnen auftreten können, müssen geraspelt werden. Die äußeren Kanten der oberen Backenzahnreihe und die inneren Ränder der unteren Backenzähne können bei fehlerhafter Abnützung scharf werden und Zunge sowie Innenseiten der Backen verletzen (siehe S. 141).

Die Zähne als Mittel der Altersbestimmung

Bei der Geburt: In jedem Kiefer können bereits zwei Milchzangen vorhanden sein. Sie können aber auch erst 7 bis 10 Tage nach der Geburt erscheinen. Die drei Prämolaren auf jeder Kieferseite sind vorhanden.

Mit 2 Monaten: Die Mittelzähne sind durchgebrochen.

Mit 6 Monaten: Die Eckzähne brechen durch.

Mit einem Jahr: Alle Zähne sind in Reibung, aber die Eckzähne erscheinen noch etwas kantig (wenig Abnützung auf der Kaufläche). Vier Backenzähne sind vorhanden: die drei Prämolaren und der erste bleibende (Ersatz-)Backenzahn, der eben das Zahnfleisch durchstoßen hat.

Mit 2 Jahren: Die Schneidezähne zeigen Abnützungserscheinungen. Ihre Kunden sind verschwunden. Ein weiterer Ersatzbackenzahn ist durchgebrochen. Jetzt sind also in jeder Kieferhälfte 5 Backenzähne vorhanden, wovon 3 Milchzähne und 2 bleibende Zähne sind. Manchmal werden zwei- und fünfjährige Pferde verwechselt. Beim männlichen Pferd sind mit 5 Jahren die Hakenzähne vorhanden, mit 2 Jahren aber nicht. Der Fünfjährige hat je Kieferhälfte 6 Backenzähne, der Zweijährige nur 5. (Der Zweijährige sieht auch jünger aus, weil der Schweif meistens kürzer ist.)

Mit $2^1/_2$ Jahren: Ersatz-Zangen brechen durch.

Mit 3 Jahren: Ersatz-Zangen sind in Reibung. Erster und zweiter Ersatzprämolar (von vorne gezählt) durchbrechen den Kiefer und stoßen gleichzeitig den ersten und zweiten Milch-Prämolaren heraus.

Mit 3½ Jahren: Das zweite Paar der Ersatzschneidezähne, die Mittelzähne, brechen durch.
Mit 4 Jahren: Ersatzmittelzähne sind in Reibung.
Mit 4½ Jahren: Das 3. Paar der Ersatzschneidezähne, die Eckzähne, durchstoßen den Kiefer. Die letzten drei bleibenden Backenzähne (Nummer 3 und 6 von vorne gezählt) durchbrechen den Kiefer zwischen 4 und 5 Jahren.
Mit 5 Jahren: Zangen und Mittelzähne sind voll in Reibung. Die Eckzähne sind gut heraufgewachsen, die inneren und äußeren Ränder ihrer Oberflächen sind abgeflacht.
Zwischen 4 und 5 Jahren treten beim männlichen Tier die Hakenzähne in Erscheinung.
Mit 6 Jahren: Eckzähne sind in Reibung. Die Kunden der beiden Zangen des Unterkiefers können schon vollständig verschwunden sein. Die Kernspur, eine bräunliche oder schwarze Linie, die quer zwischen den verschwindenden Kunden und dem vorderen Rand des Zahnes verläuft, kann manchmal auf der Kaufläche der Zangen auftauchen. Dies bedeutet, daß der Zahn so weit abgenützt worden ist, daß das obere Ende der Pulpahöhle, die mit Dentin gefüllt ist, in Erscheinung tritt.
Mit 7 Jahren: Die Kunden der Zangen und Mittelzähne des Unterkiefers sind verschwunden. An den Zangen kann die Kernspur sichtbar sein.
Mit 8 Jahren: Die Kunden aller Schneidezähne des Unterkiefers sind verschwunden. Die Kernspur ist an den Zangen deutlich sichtbar. An den Eckzähnen des Oberkiefers erscheint am hinteren Rand ein Haken (Einbiß).
Mit 9 Jahren: Die Kunden der Zangen des Oberkiefers sind verschwunden. Die Kernspur erscheint in den Mittelzähnen. Zwischen 10 und 12 Jahren ist sie in allen Schneidezähnen des Unterkiefers sichtbar. Mit 10 Jahren verschwinden die Kunden der oberen Mittelzähne und mit 11 Jahren die Kunden der oberen Eckzähne.

Kauflächenform der Zähne:
Die Kauflächen variieren mit zunehmendem Alter des Pferdes zwischen queroval, dreieckig und rund. Bis 7 Jahre sind sie queroval, zwischen 9 und 13 Jahren dreieckig und nach 13 Jahren rund und lassen in der Mitte die zugewachsene Pulpahöhle (Kernspur) sehen. Eine seitliche Rinne oder Furche (englische Rinne) erscheint deutlich sichtbar beim 9- oder 10jährigen Pferd an den oberen Eckzähnen. Gerade unterhalb des Zahnfleischs tritt sie als Kerbe auf und verlängert sich mit der Zeit zahnabwärts. Das Pferd ist ca. 15 Jahre alt, wenn die Rinne in der Mitte und 20 Jahre, wenn sie unten anlangt. Mit 25 Jahren ist die Rinne von der oberen Hälfte des Zahns und mit 30 Jahren vollständig wieder verschwunden.
Der Pferdekenner und Autor Sidney Galvayne hat als erster auf diese Erscheinung hingewiesen.

Vollständiges Gebiß
Dieser Ausdruck bedeutet, daß alle Ersatz-Schneidezähne vollständig durch-

gebrochen und in Reibung sind, womit das Pferd 5 Jahre alt ist.

Länge und Neigungswinkel der Zähne
Während die Kaufläche des Zahns durch Reibung abgenützt wird, füllt sich die Alveole, in der die Wurzel liegt, langsam auf, wodurch der Zahn allmählich aus seiner Höhle herausgeschoben wird. Dieser Vorgang setzt sich das ganze Leben hindurch fort, so daß zuerst die Krone und zuletzt die eigentliche Wurzel in Reibung mit dem gegenüberliegenden Zahn ist.
Während das Pferd älter wird, scheinen seine Zähne wegen der Rückbildung des Zahnfleisches länger zu werden. Das Zahnfleisch des Oberkiefers bildet sich früher zurück als das des Unterkiefers. Bei diesem Vorgang verändert sich auch der Neigungswinkel der Zähne; sie stehen schräger. Aus einem *Zangengebiß* wird ein *Winkelgebiß*.

Mallauchen
Mit Mallauchen bezeichnet man die Manipulation an den Zähnen, durch die ein altes Pferd jünger erscheinen soll. Mit einem heißen Eisen wird eine falsche Kunde in die Kaufläche des Zahns eingebrannt. Auch der raffinierteste Fälscher kann aber den Kundenring aus Schmelz nicht wiederherstellen, der die echten Kunden umschließt und beim alten Pferd nicht mehr vorhanden ist.

Altersbezeichnung

Alt:

a) In einem Verkaufskatalog bedeutet „alt" von 8 Jahren aufwärts.
b) In einem Rennkatalog bedeutet es von 6 Jahren aufwärts.

Das Alter des Vollblüters wird jeweils vom 1. Januar des Geburtsjahres an gerechnet. Für zwischen dem 1. Januar und 31. Oktober geborene Warmblutfohlen gilt ebenfalls der 1. Januar als Geburtstermin; später geborene werden dem 1. Januar des Folgejahres zugerechnet.

Die Hufe

Äußerer Aufbau des Hufs

Der äußere Teil des Pferdehufs besteht aus Horn. Diese äußeren Schichten, die zwar ständig nach unten wachsen, bestehen eigentlich aus totem Material. Die unempfindliche Hornkapsel über dem empfindlichen Teil des Fußes ist unterteilt in:

1. Hornwand
Dies ist der sichtbare Teil, wenn der Huf auf dem Boden steht. Er ist aus drei Hornarten zusammengesetzt:

a) Röhrchenhorn, das feinen Fasern gleicht. Jedes Röhrchen wächst auf einer Papille der Kronlederhaut (Fleischkrone).
b) Zwischenhorn, das auch von der Kronlederhaut gebildet wird. Es verbindet die Hornröhrchen zu einer festen Masse.
c) Markhorn, das heißt zerfallene Zellen, die im Innern der Hornröhrchen abgelagert werden.

Die Hornwand ist gut 1 cm dick, wobei sie vorn an der Zehenspitze etwas stärker ist als an den Trachten; in senkrechter Richtung variiert die Stärke nicht.

Die Hornwand wächst kontinuierlich von der Krone aus abwärts, und zwar dauert der Prozeß an der Zehenspitze oder Vorderwand 9 bis 12, an den Seitenwänden 6 bis 8, an den Trachtenwänden 4 bis 6 Monate und an Sohle und Strahl 2 Monate.

Der Neigungswinkel der Vorderwand sollte beim Vorderhuf 50 ° und beim Hinterhuf 55 ° betragen.

Die äußere Hornschicht wird Glasurschicht genannt. Sie ist dünn und wird leicht abgestoßen. Sie schützt die oberen Abschnitte der Hornwand und verhindert einen übermäßigen Feuchtigkeitsverlust. Die Glasurschicht wird von den Papillen der Saumlederhaut (Fleischsaum) am Übergang der Kronlederhaut zur Haut gebildet.

2. Hufsohle

Diese besteht aus Röhrchen- und Zwischenhorn. Sie ist so gewölbt, daß sie lediglich an der Verbindungsstelle mit der Hornwand, dem Tragrand, das Gewicht direkt trägt.

Die Sohle besteht aus zwei Schichten:

a) der äußeren, unempfindlichen Hornsohle und
b) der inneren, empfindlichen Sohlenlederhaut (Fleischsohle), die unmittelbar oberhalb der unempfindlichen Sohle und unterhalb des Hufbeins liegt. Sie ist demnach zwischen zwei harten Schichten eingebettet. Ein übermäßiger Druck quetscht sie und verursacht starke Schmerzen und Lahmheit.

Folgende Ursachen können dafür verantwortlich sein:

a) Beschneiden der äußeren, unempfindlichen Sohle, wodurch diese nicht mehr imstande ist, die empfindliche Sohle zu schützen.
b) Beschädigung der Hornwand und des Strahls.

Die Sohlenlederhaut nährt die Hornsohle, deren oberste Schichten sich fortlaufend ablösen. Nur diese abgelösten Stücke sollten entfernt werden, wenn der Huf für den Beschlag vorbereitet wird. Die Sohle darf nicht wahllos beschnitten werden.

3. Strahl

Der keilförmige Strahl besteht zum größeren Teil aus weicherem Zwischenhorn und zum kleineren Teil aus Röhrchenhorn. Er ist zäh und elastisch und wird von den beiden seitlichen Strahlfurchen begrenzt. Außerdem ist eine mittlere Strahlfurche vorhanden. Zwischen beiden Fortsätzen des Hufbeins, die fast bis zu den Trachten reichen, ist ein breiter Raum, worin das Strahlkissen und darunter der Strahl eingebettet sind. Dies gewährt dem Strahl größere Bewegungsfreiheit und gibt dem hinteren Teil des Hufs die nötige Elastizität. Der Strahl dient, wenn er gut entwickelt ist, hauptsächlich als:

a) Stoßdämpfer;
b) Rutschsicherung;

c) teilweise Stütze des Hufbeins und besonders Stütze des Strahlbeins;
d) Dehnvorrichtung für die Trachten. Jedesmal, wenn der Huf den Boden berührt, drückt er nach außen, spreizt die Trachten und verteilt so die Wirkung des Aufschlages nach außen.
e) Hilfe bei der Blutzirkulation. Er drückt die inneren, empfindlichen Teile des Hufs nach außen gegen die unempfindlichen, unnachgiebigen Hornwände, wodurch das Blut durch die Venen der Zehe hinaufgepumpt wird. Mangelnder Druck auf den Strahl unterbindet die Blutzirkulation im Huf zwar nicht, doch wird sie behindert.

Es ist einleuchtend, daß der Strahl nicht beschnitten werden darf, außer bei einer Infektion. Bei natürlicher Benutzung wird der Strahl stark und gedeiht. Unbenutzt schrumpft er und wird schließlich verkümmern. Der Strahl und seine Furchen sollen stets trocken und das Horn derb-elastisch ohne Risse sein.

4. Eckstreben

Diese bilden die Fortsetzung der Wand am hinteren Teil des Hufes, wo sie nach innen abdrehen und ungefähr halbwegs bis zur Strahlspitze dem Strahl entlang verlaufen. Die Eckstreben dürfen beim Vorbereiten des Hufes zum Beschlag nicht weggeschnitten werden.

5. Weiße Linie

Sie ist ein schmaler pigmentloser Hornstreifen, der zwischen Sohle und Wand verläuft und beide verbindet. Sie besteht aus weichem, kautschukähnlichem Horn von hellerer Farbe als Wand und Sohle. Dünne Hornblättchen stehen im rechten Winkel zur inneren Wandfläche. Sie schieben sich zwischen die empfindlichen Lederhautblättchen, die das Hufbein und den seitlichen Knorpel bedecken, und bilden dabei eine feste Verbindung zwischen dem empfindlichen Teil des Hufes und dem Hornschuh.

In jedem Huf befinden sich je 500 bis 600 dieser beiden Blättchenarten, wodurch der Huf eine kompakte, große Kontaktfläche erhält.

6. Kronenfalz

Er verläuft am Kronrand des Hornschuhs und enthält eine große Anzahl winziger Löcher, wo die Hornröhrchen der Wand anfangen. Die Papillen des Kronenwulstes ragen in diese Löcher. Die Wand wächst von der Krone abwärts. Verletzungen der Krone können zu fehlerhaftem Hornwuchs führen.

Innerer Aufbau des Hufs und Sehnen der Zehe

1. Knochen

Der Huf umschließt drei Knochen, nämlich:

a) Hufbein
Ein pyramidenförmiger, poröser Knochen. Verleiht dem Huf Halt und schützt große Blutgefäße, die er umschließt. An seiner rauhen

Oberfläche setzen die Sehnen an, die das Hufgelenk beugen beziehungsweise strecken.

b) Strahlbein
Ein kleiner, länglicher Knochen, der hinter dem Hufgelenk zwischen Huf- und Kronbein liegt. Er ist über Bänder mit dem Hufbein, dem Hufknorpel und dem Fesselbein verbunden.

c) Kronbein
Ein nahezu kubischer Knochen, der mit dem Huf- und dem Strahlbein das Hufgelenk bildet. Er liegt zur Hälfte innerhalb und zur andern außerhalb des Hufs.

2. Sehnen

Am Fuß befinden sich drei Sehnen, eine vorn und zwei hinten.

a) Strecksehne:
Sie entspringt den Muskeln oberhalb von Karpal- bzw. Sprunggelenk, verläuft vorne am Bein hinunter über Fessel- und Krongelenk und ist mit dem am oberen Rand spitz auslaufenden Hufbein verbunden. Sie streckt die Zehe.

b) Oberflächliche Beugesehne:
Sie verläuft an der Hinterseite der Röhre und beugt das Krongelenk. Sie ist mit dem oberen Teil des Kronbeins verbunden.

c) Tiefe Beugesehne:
Sie verläuft an der Hinterseite der Röhre zwischen der oberflächlichen Beugesehne und dem oberen Gleichbein. Sie verläuft unter dem Strahlbein hindurch und ist mit dem hinteren Teil des Hufbeins verbunden. Sie beugt das Hufgelenk. Die tiefe Beugesehne ist unter dem Strahlbein fächerförmig verbreitert und bedeckt dieses vollständig, als ob sie über eine Walze liefe. Zwischen ihr und dem Gleichbein befindet sich der Hufrollenschleimbeutel. Alle drei Teile zusammen werden als Hufrolle bezeichnet.

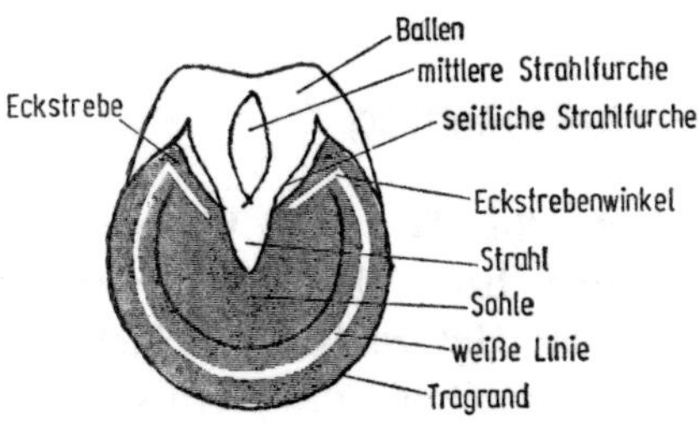

Bild 22 (oben). Unterseite des Hufs

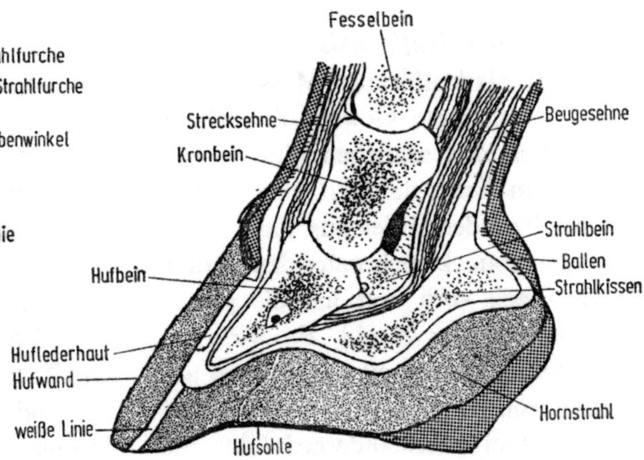

Bild 23 (rechts). Längsschnitt durch den Huf

3. Bänder

Gelenkbänder halten die Knochen fest an ihrem Platz und engen die Bewegungsfreiheit der Gelenke ein. Das obere Gleichbein liegt zwischen den beiden Griffelbeinen ganz nahe an der Hinterseite der Röhre. Es teilt sich in zwei starke Stränge, die beide mit den entsprechenden Gleichbeinen verbunden sind. Einige Fasern laufen weiter über die Fessel zur Strecksehne.

4. Seitliche Hufknorpel

Auf beiden Seiten des Hufes sind zwei flache Knorpelstücke mit dem oberen Rand des Hufbeins verbunden. Sie stützen den Kronsaum und den hinteren Teil des Hufes. Die Hufknorpel überragen die Krone um gut 1 cm. Sie ersetzen die Knochen im hinteren Teil des Hufes, machen ihn elastisch und verringern die Wucht des Auftritts. Sie bilden das flexible Fundament der Hornwand, und zusammen mit Strahl und Strahlkissen spreizen sie den Huf.

5. Strahlkissen (Hufbeinkissen)

Es füllt als keilförmige Masse aus faserig-elastischem Gewebe den Raum zwischen den seitlichen Hufknorpeln und den Ästen des Hufbeins im hinteren Teil des Hufes aus. Das Strahlkissen erstreckt sich unter dem Strahlbein nach vorn und hat die gleiche Form wie der Strahl. Es wirkt als Stoßdämpfer und gibt nach oben und nach außen nach. Die Trachten werden dabei auseinandergedrückt, was die Aufschlagswucht des Hufes am Boden dämpft.

6. Huflederhaut

Sie ist die Fortsetzung der Lederhaut der Haut des Beines. Die fleischähnliche, gut durchblutete Schicht umhüllt die inneren Teile des Hufes. Sie trägt Papillen und Blättchen. Diese sind mit den Hornröhrchen und -blättchen des Hufs verbunden. Ihre Oberfläche trägt die zur Bildung der Hornwand befähigten Zellen.

Die Blutversorgung im Huf

Weil der empfindliche Teil des Hufes immer wieder unter Druck steht, befinden sich zu seinem Schutz in den Venen keine Klappen. Das Blut fließt völlig frei und wird das Bein hinaufgepumpt durch den Druck, der entsteht, wenn sich der empfindliche Hufteil beim Aufschlag auf den Boden spreizt. Die Huflederhaut ist der am stärksten durchblutete Teil des Hufs und enthält auch die meisten Nerven.

Der Hufbeschlag

Der Huf sollte alle 4 bis 6 Wochen ausgeschnitten bzw. abgeraspelt werden. Wächst der Huf zu lange, richtet sich die Vorderwand auf, das Pferd stolpert. Das Hufhorn braucht dort zwischen 9 und 15 Monate, um von der Krone bis zum Tragrand zu wachsen.
Vor und nach dem Beschlagen kontrolliert man das Pferd auf Lahmheit.

Herstellung des Eisens

Viele Hufschmiede verwenden heute in der Fabrik gefertigte Hufeisen. Deren Nachteile sind:

a) Die Eisen haben feste Größen und sind nicht für den individuellen Huf gemacht.
b) Die Nagellöcher sind immer an der gleichen Stelle gestanzt. Dies heißt, daß die Nägel immer am gleichen Platz in den Huf geschlagen werden, wohingegen ein guter Hufschmied, der seine Eisen selber macht, die Position der Nagellöcher variiert.

Stellt der Hufschmied seine Eisen selber her, so kauft er das Eisen in Stabform (Hufstab), das abgeschrägt und auf der oberen, am Huf anliegenden Seite verbreitert und für bessere Griffigkeit am Boden mit einem Falz versehen ist.

Um einen neuen Satz Hufeisen herzustellen, muß die entsprechende Länge des Eisens zugeschnitten werden.

Das Eisen wird im Feuer rotglühend erhitzt und mit dem Hammer auf dem Amboß geformt. Dann werden die Nagellöcher angebracht, und die Zehenkappe wird aufgezogen.

Normalerweise werden auf der Außenseite vier und auf der Innenseite drei Nägel verwendet. Je weniger Nägel verwendet werden müssen, desto besser. Beim gesunden Huf mögen zwei bis drei pro Seite genügen, aber ein schlechter Huf kann bis zu sechs Nägel pro Seite erfordern.

Das Beschlagen

Abnahme der alten Eisen
Das alte Eisen wird abgenommen. Mit Klopfschlegel und Nietklinge werden die Nieten gehoben und entfernt. Mit der Abnehmzange wird das Eisen von hinten her vom Huf weggezogen.

Vorbereitung des Hufs
Die in die Länge gewachsene Wand wird auf ihr natürliches Maß verkürzt und abgelöste oder ausgebrochene Stücke von Sohle oder Strahl entfernt.

Ist die Wand extrem stark gewachsen, wird sie mit der Hufzange verkürzt. Normalerweise werden das Rinnmesser oder die Hauklinge verwendet, um die Wand zu kürzen und um die abgelösten Stellen von Sohle und Strahl zu entfernen. Unnötiger Gebrauch des Messers auf Sohle und Strahl ist schädlich. Anschließend wird dem Huf mit der Raspel eine absolut ebene Standfläche gegeben. Für die Wand wird die Raspel nur verwendet, um unter den Nägeln eine Einbuchtung zu machen, bevor die Nieten abgebogen werden. Falls Eisen mit Zehenkappen verwendet werden, schneidet man ein kleines Stück von der Vorderwand weg. Zehenkappen sollten nicht zurückgehämmert werden, wenn sie auf dem Huf sind.

Anpassen des Eisens
Beim warmen Beschlag wird das Eisen schwarzrotglühend aufgepaßt. Es wird mit Hilfe eines Aufpaßzirkels einen Augenblick lang gegen die untere Fläche des Hufs gehalten. Das hierbei ver-

brannte Horn zeigt an, wie weit Huf und Eisen in Kontakt sind. Anschließend können die nötigen Anpassungen des Eisens vorgenommen werden.
Sind Feuer und Amboß nicht verfügbar, muß das Pferd kalt beschlagen werden. Kalte Eisen lassen sich aber nur in beschränktem Maße anpassen.

Nageln
Das Eisen wird in Wasser abgeschreckt. Der erste Hufnagel wird gewöhnlich an der Vorderwand eingeschlagen. Die Nägel müssen sorgfältig eingeschlagen und am äußeren Rand der weißen Linie plaziert werden. Die Zwicke des Hufnagels muß sohlenwärts zeigen. Wird zu nahe an der Sohle eingeschlagen, entsteht eine Druckstelle an der Lederhaut (Nageldruck). Gerät ein Nagel innerhalb der weißen Linie, ist das Pferd „vernagelt". Die Nägel sollten ungefähr 2 bis 3 cm oberhalb des Tragrandes der Hornwand heraustreten. Die Nagelenden werden umgebogen und so abgezwickt, daß ein kleines Stück, die sogenannte Niete, zurückbleibt.

Verputzen
Die scharfen Kanten der Nieten werden geraspelt und unter ihnen wird in der Hufwand eine kleine Vertiefung, ein sogenanntes Nietenbett, angebracht. Die Nieten werden nach unten geklopft, angezogen und nochmals glattgeraspelt. Die Zehen- oder Seitenkappen(-aufzüge) werden leicht zurückgeklopft. Die untere Kante der Hufwand wird mit der Raspel geglättet, um zu verhindern, daß sich in der Wand Spalten bilden.

Worauf man besonders achten muß

1. Der Huf muß an der Zehenspitze sowie an Seiten- und Trachtenwänden genügend und ebenmäßig gekürzt worden sein.
2. Das Eisen muß dem Huf angepaßt werden und nicht umgekehrt. Das heißt, daß die Wand weder abgeraspelt noch zurückgeschnitten werden darf, um sie dem Eisen anzupassen.
3. Das verwendete Eisen muß der Arbeit, die das Pferd ausführt, entsprechen, und sein Gewicht muß im korrekten Verhältnis zu der Größe des Hufs stehen.
4. Das Messer soll bei Sohle und Strahl beschränkt zum Zurückschneiden verwendet werden.
5. Es sollen genügend Hufnägel von der richtigen Größe verwendet werden (normalerweise auf der Innenseite 3 und auf der Außenseite 4). Ihre Köpfe werden gut in die Löcher geschlagen, damit diese satt ausgefüllt sind.
6. Die Nieten müssen richtig geformt sein und sich in einer gesunden Wand alle in einer Linie auf korrekter Höhe befinden. Bei schwachem Horn sollen sie verschieden hoch sitzen.
7. Es darf zwischen Eisen und Huf, vor allem in der Trachtengegend, kein Spalt bleiben.
8. Die Schenkel des Eisens dürfen weder zu lang noch zu kurz sein.
9. Die Vertiefungen für die Kappen müssen sauber herausgeschnitten werden; die Kappen selbst sollen gut aufgezogen und gut angepaßt sein.

Übermäßiges Zurückschneiden der Zehe

Hierbei wird der Huf dem Eisen angepaßt, während korrekterweise umgekehrt das Eisen so gestaltet werden muß, daß es dem Huf paßt. Beim Abraspeln der Wandoberfläche wird die Glasur entfernt und das Horn entblößt. Es wird in der Folge trocken und spröde, und die geraspelten Partien brechen leicht aus.

Wann ist ein neuer Beschlag fällig?

1. Wenn das Horn jeden Monat so stark nachwächst, daß der Huf verkürzt werden muß, auch wenn das Eisen noch nicht abgenutzt ist.
2. Wenn der Huf übermäßig lang und verformt ist.
3. Wenn das Eisen locker ist.
4. Wenn das Eisen an irgendeiner Stelle abgenützt ist.
5. Wenn die Nieten „gestiegen“ sind und nicht mehr der Wand anliegen.
6. Wenn ein Eisen verlorengegangen ist.

Verschiedene Arten von Eisen

1. *Gewöhnliches Stempeleisen*
Einfachste Art von Hufeisen, das mit Nagellöchern (Stempellöchern) und Zehenkappe versehen ist. Es eignet sich nur, wenn das Pferd keine schnelle Arbeit ausführen muß. Es hat keine Rutsch- oder Streichsicherung.
2. *Falzeisen*
Die Unterseite ist mit einer Rinne (Falz) versehen, was die Griffestigkeit erhöht.
Es besteht aus abgeschrägtem Eisen (unten schmäler als oben), wodurch es auf weichem Boden weniger leicht abgerissen werden kann und bessere Griffestigkeit verleiht. Die Schenkelenden der vorderen Eisen werden abgerundet und bodeneng gefeilt, damit sie nicht durch den Vorderteil des hinteren Eisens abgerissen werden können. Die Vorderpartie des hinteren Eisens wird zurückversetzt und bodeneng gefeilt, um die Gefahr von Greifverletzungen zu verringern. Anstelle von Zehenkappen werden Seitenkappen verwendet, damit das Eisen an der Zehenspitze etwas zurückversetzt werden kann.
Im äußeren Schenkel des hinteren Eisens wird für Jagdpferde ein Stollen eingeschlagen, damit sie beim Anhalten weniger Mühe haben.
Der innere Schenkel des hinteren Eisens ist zum gleichen Zweck mit einem Keil versehen, da mit einem Stollen die Gefahr von Streichverletzungen größer ist.
3. *Streichbeschlag*
Der innere Schenkel des Eisens wird verschmälert und sitzt leicht innenversetzt unter der Hornwand. So wird das gegenüberliegende Bein vor Streichverletzungen geschützt. Der innere Schenkel dieses Eisens hat eventuell keine Nagellöcher. Es gibt verschiedene Arten von Streicheisen.
4. *Halbmondeisen*
Dünne, halblange Eisen. Sie werden für Pferde auf der Weide verwendet,

um die Vorderwandgegend vor Spaltung zu schützen. Die Trachten sind in ihrer Aktion unbehindert.

5. *Renneisen*
Leichte Eisen für Rennpferde. Sie bestehen aus Aluminium und wiegen zwischen 60 und 120 g.

Werkzeuge des Hufschmiedes

Beschlaghammer
Um die Nägel einzuschlagen und deren Spitzen abzudrehen, wenn sie durch den Huf getrieben worden sind.

Unterhauer
Besteht aus Stahl, ist ungefähr 15 cm lang und dient zum Entfernen der Nieten.

Hufraspel
Ungefähr 45 cm lang, wovon drei Viertel eine grobe und ein Viertel eine feine Oberfläche haben.

Rinnmesser
Geschweifte Klinge mit gebogenem Ende. Sie wird zum Verkürzen der Wand und zum Entfernen der losen Hornstücke von Sohle und Strahl verwendet sowie um kleine Vertiefungen aus der Wand zu schneiden, um die Zehenkappen einzubetten.

Abnehmzange
Dient zum Entfernen des alten Eisens.

Hufbeschlagzange
Zange mit flachen, übergreifenden Backen, wovon die eine dick und die andere dünn ist. Dient zum Verkürzen einer übermäßig langen Wand.

Hauklinge
Langes Stahlmesser mit kurzer, flacher Klinge (wie ein kleiner Axtkopf). Wird zusammen mit dem Hammer zur Verkürzung einer überlangen Hufwand verwendet.

Aufpaßzirkel
Stahlwerkzeug mit spitz zulaufenden Enden, die in die Nagellöcher des Eisens passen. Mit ihm kann man das heiße Eisen halten.

Bild 24. Hufbeschlagswerkzeug

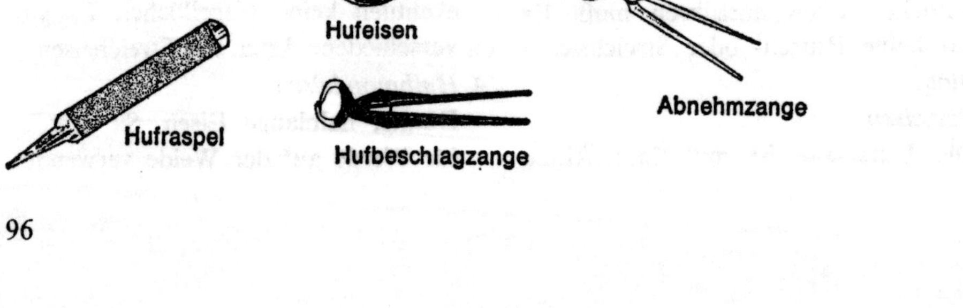

Orthopädischer Beschlag

Der Beschlag muß jeweils den speziellen Verhältnissen angepaßt werden, so daß hier nur einige Grundprinzipien angeführt werden können.

1. Streichen (siehe auch Seite 115 f.)
Tritt gewöhnlich bei zehenweiter Stellung auf.
Der innere Schenkel des Eisens wird erhöht und verschmälert, oder der äußere Schenkel wird verdünnt.
Bei Streichverletzungen im Karpalbereich entsteht eine Verletzung durch den inneren Rand des gegenüberliegenden Vorderhufs oder auf der Innenseite des Sprunggelenks oder Unterschenkels durch den gleichseitigen Hinterfuß. Für beide Fälle verwendet man spezielle Streicheisen oder Dreivierteleisen mit jeweils einseitig verschmälertem Schenkel.

2. Stollbeule (siehe auch Seite 128)
Trachten verkürzen. Ein Dreivierteleisen mit gerundeten Rändern verwenden.
Anstelle des orthopädischen Beschlags kann man dem Pferd jede Nacht ein dickes Schutzpolster um die Krone anlegen.

3. Trachtenzwang
Eisen mit verkürzten Schenkeln, Eisen mit Einlagen oder Halbmondeisen verwenden oder Pferd „barfuß" gehen lassen. Mit Hilfe einer Ledersohle kann zusätzlicher Druck auf den Strahl ausgeübt werden. Eventuell Tragflächen der Eisen nach außen abfallen lassen.

4. Steingallen (siehe auch Seite 107)
Geschlossenes Eisen mit Einlage verwenden, das die befallene Stelle schützt.

5. Schmieden (siehe auch Seite 116)
Zehenpartie des hinteren Eisens eckig gestalten und bodeneng feilen. So weit als möglich zurückversetzen. Schnabeleisen am Hinterhuf haben oft die gewünschte Wirkung.

6. Verletzungen der Beugesehnen
Ein hinten erhöhtes Schlußeisen verwenden oder Lederkeile an den Trachten unterlegen.

7. Hufrehe (siehe auch Seite 111)
Man verwende ein Eisen, dessen Tragfläche viel schmäler ist als die Bodenfläche, damit kein Druck auf die Sohle ausgeübt wird.
Ein geschlossenes Rehehufeisen kann ebenfalls nützlich sein. Je nach der Schwere des Falles kann auch eine Ledersohle helfen.

8. Strahlbeinlahmheit (s. auch S. 114)
Die tiefe Beugesehne darf an der Stelle, wo sie unter dem Strahlbein durchläuft, nicht belastet werden. Den hinteren Teil des Hufes durch Eisen mit dünner, bodeneng gefeilter Zehenspitzenpartie und dicken Schenkeln heben. Auch mit keilförmigen Einlagen zwischen Trachten und Eisen sind gute Erfolge zu erzielen.

9. Flachhuf
Breites Eisen oder Platteneisen verwenden. Erhöhung der Trachtenwand durch Leder- oder Plastikkeile.

10. Greifen

Die Zehenspitzenpartie des hinteren Eisens soll gerade und breit sein. Das Eisen wird bodeneng gefeilt und gut hinter den Rand des Hufes gesetzt. Die vorstehende Wand wird belassen und lediglich deren scharfe Kante mit der Hufraspel geglättet.

11. Untertreten

Die Zehenwand des hinteren Hufes wird von der Zehenwand des vorderen Hufes verletzt, wenn sich dieser vom Boden abhebt (siehe Bild 27 Seite 117). In extremen Fällen muß man die hintere Zehe mit einer hohen Schutzkappe versehen. Häufig kann dies aber umgangen werden, wenn der vordere Huf mit einem Eisen mit bodeneng geschliffener oder abgeschrägter Zehenspitzenpartie beschlagen wird. Die Zehenspitzenpartie des hinteren Eisens sollte möglichst offen oder gerade gehalten, mit zwei Kappen versehen und zurückver-

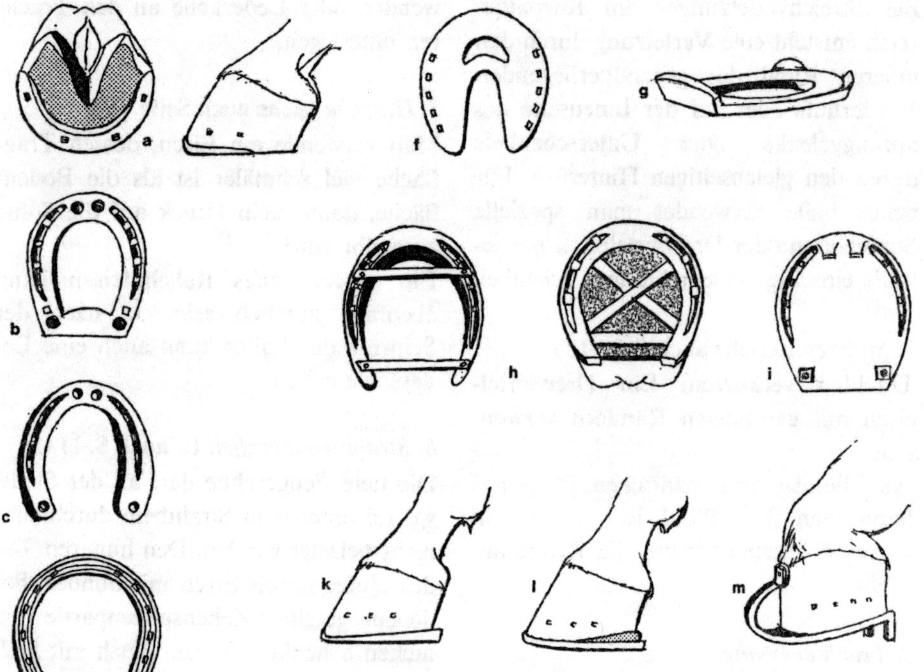

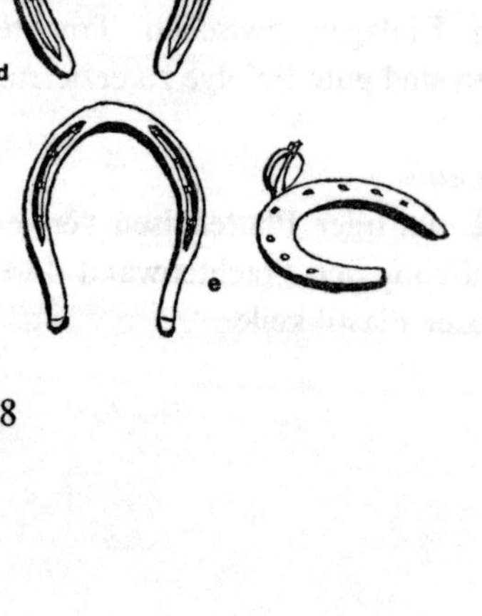

Bild 25. Sonderhufbeschläge
a. halbmondförmiges Eisen, b. geschlossenes Eisen, c. Breitschenkeleisen, d. Eisen für Galopper, e. Eisen für Traber: Gewichthufeisen, daneben: Memphis-Hufeisen, f. Eisen für den Rehehuf: Reheplatte für Sohlendurchbruch, g. geschlossene Rehehufeisen mit Trachtenlehne, h. Eisen mit Splintverband (rechts), i. Eisen mit Blechdeckel, k. Eisen mit verdickten Schenkelenden, l. Eisen mit Plastikkeilen, m. Bügelhufeisen für Stelzhuf

setzt werden, wie bei einem hinteren Eisen mit gerader Zehenspitzenpartie. Dank der bodeneng geschliffenen Zehenspitzenpartie des vorderen Eisens wird die hintere Zehe während der Bewegung nicht getroffen.

Untugenden und deren Abgewöhnung

Schlagen in der Box

Ursachen:
Untätigkeit und Langeweile;
Reizbarkeit;
Ratten und Mäuse;
Parasiten.

Abgewöhnung:
Box oder Stand mit Strohballen oder Matten polstern. Einen Sack voll Stroh hinter der Hinterhand aufhängen. Das Pferd möglichst lange Zeit auf die Weide bringen. Dem Pferd genügend Bewegung verschaffen. Die Arbeit sollte in zwei Etappen anstatt in einer ausgeführt werden.

Stampfen und Scharren

Ursachen:
Dieselben wie bei Schlagen, außerdem:
Mangelnde Einstreu;
Ungeduld;
Anzeichen von inneren Schmerzen oder Kolik.

Abgewöhnung:
Ursache beseitigen.
Gute, tiefe und saubere Einstreu.
Einige unter „Schlagen" angegebene Maßnahmen eignen sich auch für scharrende Pferde.

Beißen und Schnappen

Ursachen:
Schlechte Behandlung;
Reizbarkeit des Pferdes bei unsachgemäßem Putzen;
häufiges Füttern von Leckerbissen.
Frühes spielerisches Schnappen, das nicht rechtzeitig gestoppt wurde, kann rasch zu einer ernsten Untugend werden, die dem Pferd nur schwer wieder abzugewöhnen ist.

Abgewöhnung:
Strenge und Güte. Im richtigen Moment ein scharfer Klaps auf die Seite des Maules kann gewöhnlich im Anfangsstadium abhelfen.
Hartnäckige Beißer sollen vor dem Putzen gut angebunden werden, um den Pfleger zu schützen.
Solche Tiere sollen immer sorgfältig und rücksichtsvoll geputzt und nicht durch grobes und nachlässiges Putzen gereizt werden. Manche Pferde sind sehr kitzlig und schnappen nur deshalb.

Koppen, Krippensetzen

Dies sind ernste Untugenden, die als Hauptmangel gelten. Krippensetzer erfassen irgendeinen vorstehenden Gegenstand (meist den Krippenrand) mit den Zähnen und schlucken Luft. Die Schneidezähne werden abgerieben. Das kann in Extremfällen dahin führen, daß das Pferd nicht mehr richtig weiden kann. Freikoppende Pferde wölben den Hals und schlucken Luft, ohne mit den Zähnen einen Gegenstand zu fassen. Das Schlucken von Luft führt häufig zu Blähungen und Kolik, schadet der Verdauung und läßt das Pferd oft abmagern.

Ursachen:
Untätigkeit;
Lernen von anderen Pferden;
Mangel an Rauhfutter.
Pferde können die Gewohnheit des Krippensetzens annehmen, wenn sie beim Putzen an der Krippe nagen oder Holz beknabbern.

Abgewöhnung:
Langeweile verhindern, täglich zweimal Bewegung. Alles Holzwerk in Box oder Stand mit bitterem Aloesaft oder einer anderen Kau-Stopp-Mischung bestreichen. Wenn möglich, soll das Pferd unangebunden in einer Box stehen, oder es wird in einer Boxenecke angebunden. Ein Salzleckstein sollte immer zur Verfügung stehen. Das Pferd soll viel Rauhfutter bekommen. Auch soll ihm ständig in uneingeschränkter Menge frisches, sauberes Wasser zur Verfügung stehen.
In der Kehlgegend wird ein breiter Riemen angebracht und so eng angezogen, daß das Pferd die Muskeln nicht anspannen kann, was manchmal das Koppen verhindert. Krippensetzer und Kopper sollten nicht mit anderen Pferden zusammen sein, da diese die Gewohnheit leicht nachahmen könnten. In hartnäkkigen Fällen kann ein Teil der Muskeln operativ entfernt werden. Es gibt aber Pferde, die auch nach dieser Operation noch koppen.

Weben

Kontinuierliches Hin- und Herschwingen oder Schaukeln auf der Vorhand, verbunden mit einer Pendelbewegung des Kopfes. Weber können nicht ausruhen und verlieren Kondition. Das Weben beginnt als Gewohnheit und wird Untugend. Ein webendes Pferd gilt als nicht gesund. Im fortgeschrittenen Stadium kann Lahmheit eintreten.

Ursachen:
Langeweile;
Lernen von anderen Pferden;
Nervosität.
Es gibt auch Pferde, die nicht dauernd weben, sondern nur dann, wenn sich jemand im Stall befindet.

Abgewöhnung:
Ursachen möglichst beseitigen. Im Falle von Langeweile die gleichen Maßnahmen treffen wie beim Krippensetzen. Das Pferd soll eine gut eingestreute, möglichst isolierte Box haben. Man soll es zum Hinlegen anregen.
Zwei herabhängende Autoreifen können manchmal Abhilfe schaffen, wenn das Pferd beim Weben beidseits daranschlägt. Längere Perioden der Untätigkeit vermeiden oder das Pferd auf die Weide bringen, anstatt es in der Box stehen zu lassen. Webende Pferde nicht in der Gesellschaft von andern halten, da diese die Gewohnheit nachahmen.

Das Pferd legt sich nicht hin

Manche Pferde scheinen keinen Schaden zu nehmen, wenn sie sich über lange Zeit nicht hinlegen. Aber die Beine leiden meist darunter; sie bleiben länger gesund, wenn sie ausgeruht werden.

Ursachen:
Nervosität, fremde Umgebung, oder das Pferd ist vielleicht einmal festgelegen.
Mangel an Einstreu.
Steht das Pferd in einem Ständer, kann der Anbindestrick zu kurz sein.

Abgewöhnung:
Pferd in eine Box mit tiefer, sauberer Einstreu stellen. Verschiedene Arten von Einstreu ausprobieren.
Während zwei oder drei Tagen lange, gleichmäßige Arbeit ausführen.
Das Pferd spät am Abend nach Hause bringen. Ist es müde und kann einmal dazu gebracht werden, sich hinzulegen, überwindet es möglicherweise seine Scheu.

Fressen der Einstreu und des Mistes

Zeichen von entarteten Freßgewohnheiten.

Ursachen:
Langeweile;
Mangel an Rauhfutter;
Mangel an Mineralsalzen;
Wurmbefall.

Abgewöhnung:
Ursachen beseitigen.
Torfmull einstreuen. Neue und gebrauchte Einstreu gut durchmischen.
Einstreu mit Lysol besprühen.
Das Pferd muß eventuell einen Holzkragen oder Maulkorb tragen.
Das Pferd so anbinden, daß es die Einstreu und den Mist nicht erreichen kann.

Zerreißen von Decken und Bandagen

Ursachen:
Pferd versucht vielleicht im Zusammenhang mit einer Hautkrankheit einem Juckreiz beizukommen.
Untätigkeit.

Abgewöhnung:
Die Stellen, die das Pferd benagt, sollen nach Hautkrankheiten untersucht und entsprechend behandelt werden.
Am hinteren Teil des Halfters einen ledernen Latz befestigen, der hinter der Unterlippe hängt, oder einen Maulkorb verwenden.
Genügend Rauhfutter und Salz zur Verfügung stellen.

Abstreifen des Halfters

Ursachen:
Furcht. Ein junges Pferd kann nach rückwärts zerren und dabei das Engerwerden des Halfters um die Schnauze verspüren, darüber erschrecken, sich noch heftiger wehren und sich schließlich befreien.
Das Pferd erinnert sich an frühere Begebenheiten, bei denen es sich auf diese Weise befreien konnte.
Ist der Boden in einem Ständer zu stark

geneigt, steht das Pferd mit den Vorderbeinen höher als hinten und kann nicht ausruhen. Es zerrt dann rückwärts, um seine Stellung zu ändern. Das wird dann zur Gewohnheit.
Ein im Ständer angebundenes Pferd beginnt möglicherweise am Halfter zu zerren, um seinen Nachbarn im nächsten Ständer zu erreichen.

Abgewöhnung:
Vorbeugen: Ein junges Pferd soll in der ersten Zeit nie unbeaufsichtigt angebunden sein!
Eine zusätzliche, um den Hals des Pferdes angebrachte Leine, die sorgfältig befestigt ist, so daß sie sich nicht verengen kann, ist oft nützlich.
Einen elastischen Anbindestrick verwenden.

Bei im Ständer angebundenen Pferden befestigt man ein Seil quer durch den Ständer hinter der Hinterhand, so daß es dieses beim Zurückzerren berührt.

VII Das kranke Pferd

Pflege des kranken Pferdes

Allgemeine Regeln

Gute Pflege ist bei der Behandlung von Krankheiten von allerhöchster Wichtigkeit. Auch Ruhe ist von großer Bedeutung. Der Patient soll möglichst in eine geräumige, saubere, trockene und gut belüftete Außenbox fern vom Trubel des übrigen Stalles gestellt werden. Gute Belüftung nicht mit Durchzug verwechseln!

Bei Infektionen der Augen und des Nervensystems soll die Box weitgehend verdunkelt werden.

Ist das Pferd derart verwundet, daß es angebunden bleiben muß, ist trotzdem eine Box dem Ständer vorzuziehen.

Die Einstreu soll tief sein und aus kurzem Stroh bestehen (gewährleistet Bewegungsfreiheit).

Der Patient soll, falls notwendig, mit leichten wollenen Decken warmgehalten werden.

Jede Verabreichung von Medikamenten, die Anbringung von heißen Umschlägen und Wundverbänden, Angüssen etc. sollen mit größter Sorgfalt ausgeführt werden, wobei die vom Tierarzt vorgeschriebenen Zeiten genau einzuhalten sind. Bei nächtlichen Besuchen beim Patienten sollen Lärm und grelles Licht vermieden werden.

Ist das Pferd schwer krank, soll man es nicht allein lassen. Die Gegenwart einer dem Pferd vertrauten Person wirkt beruhigend. Außerdem ist es wichtig, einen Pfleger in der Nähe zu haben, falls eine plötzliche Verschlimmerung eintreten sollte.

Tränken

Wenn vom Tierarzt nicht anders verordnet und wenn keine Selbsttränken vorhanden sind, hänge man einen Eimer mit frischem, aber nicht zu kaltem Wasser in bequemer Höhe in die Box und fülle ihn immer wieder nach. Auch wenn das Pferd nicht trinkt, wird es in regelmäßigen Abständen sein Maul benetzen. Bei Krankheiten mit Nasenausfluß ist das häufige Erneuern des Wassers von besonderer Wichtigkeit.

Fütterung

Man halte das Pferd, so gut es geht, bei Kräften, indem man ihm in häufigen Intervallen Futter in kleinen Mengen vorsetzt. Das Futter muß den Anforderungen des kranken Tieres entsprechen. Man soll nicht versuchen, das Pferd zum Fressen zu zwingen. Der Appetit ist ein guter Hinweis auf den Allgemeinzustand des Pferdes. Bei hoher Körpertemperatur wird es kaum fressen.

Entrahmte Milch, anfänglich mit Wasser verdünnt, wird von den meisten Pferden getrunken.

Bei einsetzender Genesung biete man dem Pferd kleine Mengen von verschiedenen Futtermitteln an, zum Beispiel frisches Gras, Grünhafer, Luzerne, Karotten, Äpfel, Leinsamen- und Kleiemash, gekochte Gerste, Gruel, Leinsamenschleim. Wenn das Futter vom Pferd verweigert wird, sollen keine Futterreste in der Krippe gelassen werden.

Salz sollte dem Pferd immer (zum Beispiel als Leckstein) in der Box zur Verfügung stehen.

Anmerkung: Die obenerwähnten Futtermittel haben alle eine leicht abführende Wirkung. Um einem kranken Tier zur Genesung zu verhelfen, ist es von höchster Wichtigkeit, ihm leicht verdauliches, nicht stopfendes Futter zu verabreichen.

Putzen

Es hängt von der Schwere der Krankheit ab, ob das Pferd geputzt werden soll oder nicht. Der Tierarzt wird darüber Auskunft geben können. Massage wirkt wohltuend auf das Tier. Ist das Pferd einigermaßen genesen, soll es vorsichtig geputzt werden, wobei darauf geachtet werden muß, daß es nicht im Durchzug steht.

Bewegung

Nachdem jede Gefahr eines Rückfalles vorbei ist, soll stufenweise mit der Bewegung begonnen werden, jedoch nicht, bevor der Tierarzt seine Einwilligung gegeben hat.

Am ersten Tag führe man das Pferd nur eine kurze Strecke. Am zweiten Tag kann man es 5 bis 10 Minuten führen. Die Bewegung jeden Tag stufenweise um ein paar Minuten steigern.

Bandagieren

(Warme Bähungen und kalte Umschläge)

Warme oder kalte Umschläge jede halbe Stunde erneuern. Eine Bähung soll nur so heiß appliziert werden, daß man deren Temperatur auf der Hand gut erträgt.

Die Umschläge werden oberhalb der betroffenen Stelle begonnen, damit das Wasser hinunterrinnen kann. Anschließend wird die Stelle zugedeckt, damit sie nicht auskühlt.

Die Beine können auch mit dem Schlauch kalt abgespritzt werden.

Abnehmen der Eisen

Ist vorauszusehen, daß das Pferd während längerer Zeit arbeitsunfähig ist, sollen die Eisen abgenommen werden.

Nasenausfluß

Das Abfließen soll erleichtert werden, indem das Futter am Boden verabreicht wird.
Eine kleine Menge einer mit ätherischen Ölen versetzten Creme (wie man sie auch beim erkälteten Menschen zum Abschwellen der Schleimhäute, zur Atmungserleichterung und zum Einreiben der Brustpartie verwendet) darf auf die behaarte Haut unter den Nüstern gestrichen werden.
Wohltuend wirkt ein Dampfbad. Eine Handvoll Heu wird in einen Futtersack oder in einen gewöhnlichen Sack gelegt und ein Eßlöffel Benzoetinktur, Menthol oder Eukalyptusöl beigegeben. Das Ganze wird mit einem Eimer siedendem Wasser überbrüht und die Sacköffnung an die Nüstern des Pferdes gehalten.

Desinfektion des Stalles

Nach ansteckender Krankheit werden Stallwände, Krippe etc. nach Entfernen der Einstreu gründlich mit einer heißen 2- bis 5prozentigen Sodalösung mit Bürsten und Besen gereinigt (bei der Arbeit Gummihandschuhe tragen!). Anschließend wird ein starkes Desinfektionsmittel versprüht, um alle Keime abzutöten. Sehr gut hat sich das Vernebeln von Formalinlösung bewährt (20 bis 30 ml Formalin/m^3 Stallraum, 12 bis 24 Stunden einwirken lassen).
Der Stall wird anschließend mit Kalkmilch getüncht. Bei seuchenhaften Erkrankungen müssen auch Mist und Jauche desinfiziert werden.

Stallapotheke

Grundausstattung

Veterinärthermometer
Stumpfe Verbandschere
Bandagen und Mullbinden von 6 und 8 cm Breite
Mehrere kleine Pakete Watte (15 cm breit)
Zellstoff
Einige 30-g-Päckchen Werg
Sterile Gazetupfer
1 Flasche Embrocation
1 Flasche Zauberhasellotion
1 Glas Kochsalz
1 Päckchen Bittersalz
1 Flasche Glycerin
1 Pfunddose Kaolinpaste
Hufmesser
Hufraspel
Holzteer
Lorbeeröl

Antiseptika

Die meisten Antiseptika verzögern die Heilung, da sie neben den schädlichen Organismen auch die Zellen abtöten.

Bewährt haben sich:
Jodtinktur oder Ersatzpräparate;
Rivanol-Lösung 1:1000.
Penicillin und andere Antibiotika, die nach Vorschrift des Tierarztes verabreicht werden, sind ausgezeichnet und ersetzen heute im allgemeinen die Desinfektionsmittel. Manche Pferde reagieren allerdings auf Antibiotika und einige Antiseptika allergisch; alle behandelten Tiere müssen daher genau und ständig beobachtet werden.

Krankheiten und Verletzungen des Hufs

Vernageln beim Beschlag

Ursachen:

1. Vernageln: Ein Nagel wird im falschen Winkel eingeschlagen und dringt in die empfindliche Huflederhaut ein.
2. Nageldruck: Ein Nagel wird zu nahe der Huflederhaut eingeschlagen, aber durchdringt sie nicht. Dies kann aber dazu führen, daß das Horn nachgibt und auf die Huflederhaut drückt, was große Schmerzen verursacht.

Symptome:

Lahmheit und lokal begrenzte Schmerzen in der Nähe des Nagelkanals, aus dem eventuell nach Entfernen des Nagels Blut sickert.
Ein Nageldruck wird oft nicht sofort entdeckt. Manchmal dauert es mehrere Tage, bis Lahmheit eintritt. Gewöhnlich ist der Huf vermehrt warm.
Bei allen Fällen von Lahmheit sollte der Huf untersucht werden. Dies wird leicht übersehen, da die Fessel geschwollen sein kann und eine Verstauchung vortäuscht. Die Infektion kann durch den Nagelkanal in die Huflederhaut vordringen und sie entzünden. Wird die Vernagelung übersehen, tritt eventuell nach mehreren Tagen ein Abszeß an der Krone auf.

Behandlung:

Jeder Nagel wird herausgezogen und untersucht, ob er naß ist oder ob Flüssigkeit aus dem Loch austritt. Der Huf ist ein geschlossener Körper, und eine Infektion im Innern bewirkt gewöhnlich eine Entzündung der Huflederhaut, Schmerzen und Eiterbildung. Mit zunehmender Eitermenge verstärkt sich der Druck, da keine weitere Ausdehnung möglich ist.
Hat man den betreffenden Nagel gefunden, muß das Loch ausgeschnitten werden, um den Eiter herauszulassen und einen konstanten, freien Abfluß zu gewähren.
Tierärztliche Behandlung und Tetanusprophylaxe sind in jedem Fall geboten. In Notfällen folgendermaßen selbst behandeln:
Warme antiseptische Breiumschläge auflegen. Sie lindern Schmerzen und Stauungen und fördern den Eiterabfluß.
Nachdem man ein paar Tage lang Umschläge gemacht hat, wird die Wunde zuerst mit einem flüssigen Antiseptikum behandelt und anschließend mit Holzteer und Watte gefüllt.
Entsteht bei der Heilung der Wunde

wildes Fleisch, muß es mit einem ätzenden Mittel entfernt werden.
Im Fall eines Nageldrucks, bei dem nur leichte Lahmheit auftritt und die Huflederhaut nicht verletzt worden ist, entfernt man das Eisen, desinfiziert das betreffende Nagelloch mit Jodtinktur und macht während ein paar Tagen heiße Breiumschläge (oder heiße Bähungen), um das Horn aufzuweichen und so die Druckwirkung zu reduzieren. Später wird das entsprechende Nagelloch mit Holzteer gefüllt.
Alle Verletzungen durch Nageldruck, Vernagelung oder andere Stichwunden im Huf erfordern für das Pferd totale Ruhe, also kein Bewegen, bis es wieder völlig geheilt ist. Das Kraftfutter wird durch Heu ersetzt.

Steingallen

Steingallen entstehen als Folge von Sohlenquetschungen beziehungsweise als Folge von Druckverletzungen der Sohlenlederhaut im Winkel zwischen Hornwand und Strahl.

Ursachen:
1. Quetschungen durch Steine, harten Boden etc.
2. Fehlerhafte Hufe; Hufe mit harter, spröder Hornqualität.
3. Schlechter Beschlag.

Symptome:
Schlecht definierbare Lahmheit (Pferd macht mit den Vorderbeinen kurze Schritte. Steingallen treten selten an den Hinterhufen auf).
Heftige Schmerzen, vermehrte Wärme und Empfindlichkeit am Huf. Steingallen können mit Bestimmtheit nur festgestellt werden, wenn ein Teil des Horns an der für Steingallen anfälligen Stelle der Sohle weggeschnitten wird und dabei ein erbsen- bis fünfmarkstückgroßer gelbroter Fleck sichtbar wird (dieser Fleck ist eine alte Blutung).

Behandlung:
Die befallene Stelle muß so weit wie möglich herausgeschnitten werden. Handelt es sich um eine alte Steingalle, wird die Verfärbung näher an der Oberfläche sichtbar sein; bei einer neuen liegt sie tiefer, näher an der Huflederhaut. Geht das Pferd sehr stark lahm oder eitert die Steingalle, muß der Tierarzt gerufen werden. Notfalls kann man heiße Breiumschläge machen wie unter „Vernageln" (siehe S. 106) beschrieben.
Jeder Druck des Eisens auf die befallene Stelle muß vermieden werden; man nimmt ein Eisen mit verbreitertem Steg am entsprechenden Schenkel.
Das Pferd soll nicht bewegt werden und leichtes Futter erhalten.
Wenn der Huf wieder geheilt ist, muß man beim Beschlagen besonders darauf achten, daß das Eisen die richtige Länge hat. Eine Leder- oder Filzsohle zwischen Eisen und Huf reduziert die Wucht des Aufschlages.

Hufknorpelfistel

Ursachen:
1. Direkte Verletzung, zum Beispiel ein Tritt.

2. Indirekte Verletzung, zum Beispiel als Folge einer Eiterung innerhalb des Hufes wegen Steingallen, Vernagelung etc. Der Eiter folgt dem Weg des geringsten Widerstandes, steigt bis zur Krone auf und bildet einen Abszeß. Der infizierte Hufknorpel zeigt geringe Neigung zur Heilung.

Symptome:
Schmerzen und Lahmheit.
Die Wunde kann nicht verheilen, bevor das störende, abgestorbene Gewebe innerhalb des Hufes entfernt wird.

Behandlung:
Der Erfolg der Behandlung beruht darauf, daß das im Hufinnern abgestorbene Gewebe, das oft ein Teil der seitlichen Hufknorpel ist, entfernt wird. Dies erfordert eine Operation und ist eindeutig Sache des Tierarztes.
Das Pferd darf auf keinen Fall bewegt werden und soll leichtes Futter bekommen!

Strahlfäule

Diese Krankheit befällt die Strahlfurchen beziehungsweise den gesamten Strahl.

Ursachen:
Nasse, schmutzige Einstreu; vernachlässigte Hufe.

Symptome:
Durch bakterielle Zersetzung der Materie, die sich in der Strahlfurche ansammelt, entsteht ein typischer, übler Geruch. Der Strahl ist zerklüftet und weich.
In leichten Fällen von Strahlfäule geht das Pferd selten lahm, bei schwerwiegenden Fällen kann Lahmheit auftreten.

Behandlung:
Strahl und Furche müssen gründlich gereinigt werden. Man nimmt dazu eine steife Bürste und Seifenwasser. Lose und zerfetzte Teile des Strahls sollen weggeschnitten werden. In hochgradigen Fällen kann es nötig werden, dem Huf heiße Breiumschläge anzulegen.
Wenn der Strahl vollständig sauber und trocken ist, behandle man ihn mit einem einfachen adstringierenden Antiseptikum, zum Beispiel Alaun oder Holzteer.
In allen Fällen ist der Druck auf den Strahl wesentlich. Ein wenig Watte mit Holzteer bestreichen und tief in die Strahlfurche drücken. Diese Packung kann durch eine Ledersohle am Platz gehalten werden oder, wenn sie häufig erneuert werden muß, mit Deckeleisen oder Eisensplinten, die zwischen Huf und Hufeisen geschoben werden.
In leichten Fällen von Strahlfäule soll das Pferd weiterhin bewegt werden, da dies die Massage des Strahls fördert. Bei trockenem Boden ist es gut, das Pferd auf die Weide zu bringen. Dadurch ist der Strahl ständig unter Druck, und das Pferd kann Grünfutter zu sich nehmen, was das Wachstum von gesundem Horn fördert.
Keines der genannten Mittel wird jedoch wirksam sein, wenn die Hufe des Pferdes sowie der Stall nicht ständig peinlich saubergehalten werden.

Hufkrebs

Hufkrebs ist eine chronische Erkrankung der hornbildenden Gewebe des Hufes und hat nichts mit einem Karzinom zu tun. Die Wucherung der Huflederhaut beginnt am Strahl und breitet sich über Sohle, Eckstreben und Wand aus. Sie ist mit einem sehr unangenehmen Geruch verbunden.

Ursachen:
Unbekannt, aber oft auf Vernachlässigung von Strahlfäule zurückgeführt. Wahrscheinlich liegt eine erbliche Veranlagung zu dieser Krankheit vor, da sie gehäuft an Kaltblütern auftritt.

Symptome:
Als erstes Anzeichen erscheint eine grauweiße übelriechende Auflagerung. Der Strahl und die Sohle werden weich und schwammig, und die äußere Hornschicht bricht auf. Es bilden sich zottenartige Wucherungen.
Das Horn wird bald eine weiche, schmierige Masse.
Die befallene Stelle ist schließlich nicht mehr fähig, Horn zu produzieren und wird von einem dicken, übelriechenden Belag bedeckt.
Die Krankheit ist anfangs nicht schmerzhaft, und das Pferd geht nicht lahm. Später tritt Lahmheit auf.

Behandlung:
Um eine Heilungschance zu haben, muß Hufkrebs sofort behandelt werden. Man soll den Tierarzt rufen, da eine Operation nötig sein kann. Die Behandlung (wie bei schwerer Strahlfäule) ist sehr langwierig und die Heilung, vor allem wenn mehr als der Strahl befallen ist, schwierig.

Hohle Wand

Bei dieser Krankheit entstehen Hohlräume zwischen der Huflederhaut und der Hornwand. Eine krankhafte Ausscheidung der empfindlichen Lederhaut verhindert, daß diese mit dem Horn zusammenhält. Hohlräume im Wandbereich nennt man „Hohle Wand", in anderen Bereichen des Hufs „Ablösung".

Ursachen:
1. Eine Verletzung der Krone, die zu einer Störung der Hornbildung führt.
2. Druck der Zehen- oder Seitenkappen oder Schläge auf die Hufwand.
3. Entzündung oder sonstige Erkrankung der Lederhaut.
4. Verbrennung durch ein zu heißes Eisen.
5. Quetschung, wenn das Pferd unbeschlagen arbeiten muß.

Symptome:
Das Übel wird gewöhnlich zuerst vom Hufschmied entdeckt, wenn er das Eisen abnimmt. Er findet eine hohle Stelle, die mit einer weichen, dunklen, schmierigen Masse (zersetztes Horn) gefüllt ist.
Wird der Huf mit einem Hammer beklopft, kann er einen hohlen Ton von sich geben.
Erstreckt sich der Hohlraum tief in den Huf hinein, kann es zu einer Entzündung und zu Eiterbildung kommen.

Die beste Behandlung ist die Anregung des Hornwachstums und die Vermeidung von jeglicher Belastung der Stelle, wo die lose Wand mit dem Eisen in Kontakt kommt durch verstärktes Kürzen in diesem Bereich.
Der Hohlraum soll gründlich gereinigt und mit einer festen Packung aus Watte und Holzteer gefüllt werden. Eventuell ist es nötig, sie von Zeit zu Zeit zu entfernen und zu erneuern.
Die Krone kann mit einer halbscharfen Einreibung behandelt werden, um das Hornwachstum zu fördern.
Mit einem breiten geschlossenen Eisen mit Seitenaufzügen beschlagen, um die Hufwand zu entlasten, oder mit einem Spezialeisen für Hohle Wand beschlagen, bei dem auf der erkrankten Stelle kein Druck liegt.
In schweren Fällen muß operiert werden.

Kronrandspalten

Hornspalten in Richtung der Zehenachse, am Kronrand beginnend.

Ursachen:
1. Verletzung (zum Beispiel Trittverletzung) des Kronsaums.
2. Schwache, spröde Hufe.
3. Erschütterung im Vorderhuf oder Überanstrengung im Hinterhuf wegen zu großer Belastung.
4. Abraspeln der Hufwand.

Symptome:
Kronrandspalten beginnen als kleine Spalten in der Nähe des Kronrandes, sind von verschiedener Länge und verlaufen vom oberen zum unteren Rand der Wand. Sie treten gewöhnlich an der Innenseite des Vorderhufs und an der Zehenspitze des Hinterhufs auf. Sie rufen normalerweise keine Lahmheit hervor, außer wenn sie in die Tiefe bis zur empfindlichen Lederhaut reichen. Dann neigen sie zur Bildung von Hornsäulen, das sind vom Kronrand zum Tragrand wachsende Hornverdickungen, die auf die Lederhaut drücken und Schmerzen verursachen.

Behandlung:
Kronrandspalten erfordern tierärztliche Behandlung. Sie können tief sein und die darunterliegenden empfindlichen Gewebe entblößen, wodurch diese durch einen Klemmeffekt verletzt oder infiziert werden. In diesen Fällen werden starke Schmerzen und Lahmheit auftreten.
Schmerzen und Entzündung müssen zuerst behandelt werden. 2 oder 3 Tage lang legt man dem Fuß kalte Umschläge auf. Bewegung der Hufwand verhindern. Der Spalt kann fixiert werden, indem seine Ränder mit einem waagrecht eingetriebenen Hufnagel auf beiden Seiten vernietet werden.
Mit einem flachen Eisen beschlagen. Ist der Spalt an der Zehenspitze, nimmt man keine Zehenkappe, sondern zwei kleine Kappen auf jeder Seite des Spaltes, die die Bewegung der gespaltenen Wand verhindern. Vor dem Beschlagen wird ein Teil der Wand unterhalb des Spaltes herausgeschnitten. Dies schaltet den Druck zwischen der befallenen

Wand und dem Eisen aus, denn ein solcher würde den Spalt nur weiter auseinanderpressen.

Das Wachstum von neuem, gesundem Horn muß gefördert werden. Horn am Kronrand geschmeidig halten (Lorbeeröl). Gute Fütterung, ein Zusatz von Lebertran und die Verabreichung von neuem Frühlingsgras kann wesentlich dazu beitragen. Wenn die tieferen, empfindlichen Gewebe infiziert worden sind, kann sich wildes Fleisch bilden und aus dem Spalt herausdringen. Daher ist eine tierärztliche Behandlung unbedingt angezeigt.

Wird der Spalt im frühen Stadium entdeckt und ist er nicht tief, kann man ihn durch Furchen, die mit einem heißen Eisen in die Hufwand eingebrannt werden, einigermaßen unter Kontrolle halten. Die Furchen können quer über den Spalt oder unterhalb des Spaltes über die Wand gemacht werden. Wirksam sind sie auch in der Form eines V, wobei dessen Spitze mit der unteren Grenze des Spaltes übereinstimmt und die Schenkel nach oben gegen die Krone hin verlaufen. Die Furchen sollen so tief wie möglich gemacht werden, ohne die Lederhaut zu verletzen. Durch diese Furchen werden Druckbelastungen von der schwachen Stelle der Hufwand abgelenkt.

Tragrandspalten

Spalten oder Sprünge in der Hufwand, die am unteren Rand beginnen, nach oben verlaufen und gewöhnlich die Folge einer direkten Verletzung sind. Meist sind sie oberflächlich und nicht tief. Sie treten oft bei Pferden auf, die unbeschlagen auf der Weide sind, sowie bei vernachlässigten, zu langen Hufen. Die Behandlung ist einfacher als bei Kronrandspalten, da die Hufe nach unten wachsen und der Spalt allmählich verschwindet. Meist genügen das Herrichten des Hufes und ein Beschlag mit Kappen zu beiden Seiten des Spaltes. Tragrandspalten werden durch regelmäßiges Beschneiden der Hufe und durch die korrekte Fütterung des Pferdes verhütet.

Hufrehe

Schmerzhafte Krankheit, bei der Stauungen im Gefäßsystem innerhalb des Hufes zu einer Entzündung, später Ablösung des Horns von der Lederhaut führen. Der erste akute Anfall kann ohne Nachwirkungen völlig geheilt

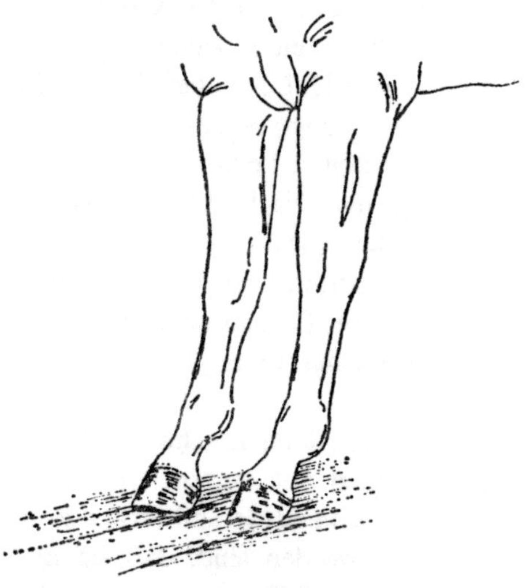

Bild 26. Typische Beinstellung eines Pferdes mit Huflederhautentzündung

werden. Schreitet die Krankheit aber bis zu dem Punkt fort, wo Veränderungen in der Hufstruktur auftreten, spricht man von chronischer Hufrehe. Es werden fast immer die Vorderbeine befallen, da sie stärker belastet sind als die hinteren.

Ursachen:

1. Ungleichmäßige Belastung eines oder mehrerer Beine, zum Beispiel bei Pferden, die als Folge einer Verletzung an einem Bein ungewöhnlich viel Gewicht auf das andere Vorderbein verlagern. Dauert ein solcher Zustand längere Zeit, kann eine Gefäßstauung folgen, was schließlich im gewichttragenden Bein zu Hufrehe (Belastungsrehe) führen kann. Ist ein Vorderbein verletzt, immer beide mit Bandagen stützen.
2. Verdauungsstörung durch verdorbenes Futter (Pilztoxine), zuviel Kraftfutter (vor allem Hafer, Gerste, Weizen, Bohnen etc.), zuviel Frühlingsgras (Gras-Hufrehe befällt oft Ponys, die, so lange sie können, fressen).
3. Schwierigkeiten beim Abfohlen (Verhaltung der Nachgeburt), was eine allgemeine Störung des Gefäßsystems durch Toxine zur Folge haben kann.
4. Übermäßige Beanspruchung, vor allem, wenn das Pferd nicht in Kondition ist.
5. Stöße durch langes, schnelles Fahren oder Reiten auf hartem Grund (besonders wenn Sohle und Strahl so beschnitten worden sind, daß sie nicht mehr als Stoßdämpfer für den Huf wirken).
6. Vererbung oder schlechte Hufstruktur (breite, flache Hufe und schwaches Horn).
7. Infektionskrankheiten, zum Beispiel Influenza, welche die Herztätigkeit schwächen.

Symptome:

Die Krankheit tritt plötzlich auf. Akute Schmerzen und Lahmheit, wobei man das Pferd kaum in Bewegung setzen kann. Wärme in der Hufkrone, deutlicher Puls am Mittelfuß. Das Pferd nimmt eine typische Stellung ein, indem es die Beine nach vorne streckt und das Gewicht, um den Druck zu vermindern, auf die Hinterbeine verlegt.

Schwierigkeiten beim Aufheben der Vorderbeine, da das Pferd das Gewicht nicht auf das andere kranke Bein verlegen will. Das Pferd legt sich oft flach auf die Seite, um den Druck zu verringern. Bleibt es am Boden liegen, muß es häufig von einer Seite auf die andere gedreht werden, um die Gefahren weiterer Krankheiten als Folge passiver Stauung zu vermeiden.

Als Folge von unregelmäßiger Hornbildung können Hufdeformation und Hufringe entstehen, die nach hinten divergieren und gröber und unregelmäßiger sind als die durch Grasfütterung entstandenen (siehe Seite 114). Die Sohle wölbt sich vor.

Behandlung:

Sofort den Tierarzt rufen!

Leichtes Futter geben.

Zuerst müssen Stauung, Druck und Schmerzen gelindert werden. Dazu kann

vom Arzt ein Aderlaß vorgenommen oder in der Nähe der Arterien oberhalb des Hufes eine Adrenalineinspritzung gemacht werden, um die örtliche Blutzufuhr zu reduzieren. Cortison- und Antihistamin-Injektionen, rechtzeitig gegeben, vermindern die Entzündung.
Die Stauung kann auch gelindert werden, indem man dem Pferd eiskalte Umschläge macht oder es in eiskaltes Wasser stellt. Sobald die akuten Schmerzen abgeklungen sind, kann das Pferd geführt werden.
Wird eine rasche Behandlung vorgenommen, erleidet der Huf im günstigen Fall keine allzu große Deformation. Andernfalls senkt sich das Hufbein und tritt in schweren Fällen durch die Hornsohle. Die Sohle büßt ihre Konkavität ein und wird flach oder wölbt sich sogar nach unten.
Hat sich einmal die Sohle gesenkt, spricht man von chronischer Hufrehe. Das Pferd wird erst nach Monaten des speziellen Beschneidens und Beschlagens mit besonderen Hufrehe-Eisen (mit größeren und breiteren Garnituren) wieder arbeitsfähig, und zwar darf es dann nur für ruhige Arbeit eingesetzt werden.
Ist die Entzündung dagegen nicht allzu heftig gewesen und im Falle von Gras-Hufrehe rasch behandelt worden, wird das Pferd wieder ganz gesund.

Pflasterlahmheit, Nichteitrige Lederhautentzündung

Eine bei Reit- und Rennpferden sehr häufige Quetschung der Huflederhaut, meist in den Vorder-, seltener in den Hinterbeinen.

Ursachen:
Andauernde Erschütterung bei längeren Ritten auf hartem Grund. Die Lederhaut wird gereizt, ebenso kann ein milder Fall von Hufrehe bestehen.

Symptome:
Lahmheit verschiedenen Grades. Normalerweise nicht heftig, jedoch so stark, daß das Pferd arbeitsunfähig ist.
Das Pferd schont die Vorderbeine und macht kurze Schritte. Die Schmerzen treten verstärkt auf, wenn das Pferd auf losem Kies getrabt wird, und es kann dann sehr stark lahm gehen.
Warmer Huf. Das Pferd zuckt bei der Kontrolle mit der Hufuntersuchungszange oder bei leichtem Klopfen mit dem Hammer. Möglicherweise ist eine Quetschung der Sohle sichtbar. Die Lahmheit verschwindet bei leichter Arbeit, tritt aber akut wieder auf, wenn das Pferd ausgeruht ist.

Behandlung:
In akuten Fällen schaffen kalte Hufumschläge oder Angüsse Linderung. In chronischen Fällen während 6 oder mehr Monaten auf eine Weide mit weichem Boden bringen.
Häufige Hufpflege ist von wesentlicher Bedeutung. Mit einem leichten, breitschenkligen Eisen beschlagen und keinen Druck auf der Sohle ruhen lassen. Die Trachten sollten erhöht und die Zehenspitze etwas verkürzt werden, um einen leichten Schaukeleffekt hervorzurufen.

Häufig im Schritt unter dem Reiter bewegen.
Von wesentlicher Bedeutung ist gute Fütterung, die Lebertran und Grünfutter mit einschließt.
Am allerwichtigsten ist weicher Boden, da harter Grund das Übel noch verschlimmert.

Hufringe („Grasringe")

Manchmal treten auf der Hufwand parallele Ringe auf, und zwar hauptsächlich dann, wenn ein Pferd auf der Weide lebt. Diese Ringe beruhen auf unterschiedlichem Hornwachstum und sind keine ernste Sache. Man soll sie nicht mit Hufrehe-Ringen verwechseln, die gröber und unregelmäßiger sind und gewöhnlich gegen die Trachten hin auseinanderlaufen.

Strahlbeinlahmheit

Erkrankung des Strahlbeins, die zu Veränderungen des Knorpels und des Knochens führt, so zum Beispiel zu einer Vergrößerung und Verfärbung sowie einer Geschwürbildung auf dessen Beugeseite. Die tiefe Beugesehne verläuft über diese Fläche des Strahlbeins. Die Erkrankung verursacht Schmerzen und Lahmheit.

Ursachen:
Während vieler Jahre hat man den Stoß beim Aufsetzen des Hufs auf dem Boden als die Ursache angesehen, aber da das Strahlbein gegen Erschütterungen gut geschützt ist, liegt wahrscheinlich ein anderer Grund vor.

1. Zu starker Druck auf das Strahlbein durch die tiefe Beugesehne bei starker Vorderhandbelastung.
2. Eventuelle erbliche Belastung.
3. Schlechter Beschlag, zu stark gekürzte Trachten etc.
4. Altersbedingte Gelenksdegeneration.

Symptome:
Plötzliche und gelegentlich sehr heftige Lahmheit, besonders nach Ruhezeiten, die wieder verschwindet oder stark zurückgeht. Das Pferd ist im Stall zunächst ruhelos, später hebt es das befallene Bein hoch. Sind beide Vorderbeine befallen, hebt es sie abwechselnd. Meist ist die Lahmheit leicht- bis mittelgradig. Sind beide Vorderbeine betroffen, ist der Gang klamm und unregelmäßig.
Das Pferd geht am leichtesten bergauf. Beim Verlassen des Stalles kann es lahm sein, aber sich mit der Bewegung einlaufen und die Lahmheit verlieren. Wird es nachher in den Stall zurückgestellt und dann wiederum herausgenommen, kann die Lahmheit bei den ersten paar Schritten wieder stärker betont sein. Die erkrankten Pferde springen nur ungern.
Bei fortschreitender Krankheit ändert der Huf seine Form. Er wird durch die Trachtenentlastung steil, das heißt an den Ballen tief und an der Vorderhand kurz, wodurch Sohle und Strahl vom Boden gehoben werden.

Behandlung:
Wird der Zustand sehr frühzeitig erkannt und werden Schritte unternommen, um Druck und Spannung zu lindern, besteht eine geringe Heilungschance.

Man verkürzt die Vorderwand und läßt die Trachten hoch wachsen. Die Sohle soll so beschnitten werden, daß sie elastisch wird, um den Verlust der Pumpwirkung des Strahls auszugleichen.

Der Huf soll mit einem keilförmigen Eisen beschlagen werden, das eine dünne, abgerundete Zehenspitzenpartie hat. Die Schenkel sollen verdickt sein. Besser ist es, wenn im Trachtenteil Hartgummikeile unterlegt werden. Dadurch wird der Winkel der Sehne verkleinert und der Druck zwischen ihr und dem Strahlbein verringert.

Die Schenkel des Eisens sollen so schmal wie möglich sein, damit die Wand das ganze Gewicht trägt.

Das Pferd soll ruhiggestellt oder nur im Schritt unter dem Reiter bewegt werden. Auf diese Weise wird die Aktion unter Kontrolle gehalten, und die mäßige Bewegung sorgt für eine gute Durchblutung des Hufs.

Wenn alle Mittel versagen, wird ein Nervenschnitt (Neurektomie) gemacht. Die zur Hufrolle führenden Nerven werden durchgeschnitten. Man schaltet auf diese Weise Schmerzen und Lahmheit aus, erzielt aber keine Heilung.

In den meisten Fällen macht eine Neurektomie den Fuß nicht ganz unempfindlich. Diese Methode wird von vielen Pferdeleuten als gefährlich und unehrlich betrachtet, ist aber in gewissen Gebieten weit verbreitet. Viele Pferde mit Nervenschnitt nehmen zwar an Jagden, Springkonkurrenzen und Steeple-chases teil und sind jahrelang von Schmerzen und Lahmheit befreit, in der Regel sollten solche Pferde jedoch nur noch zum Ausreiten beziehungsweise zur Zucht verwendet werden, da der Prozeß fortschreitet und das Auffußen nach dem Springen unsicher sein kann.

Wird ein Pferd mit Nervenschnitt verkauft, muß angegeben werden, daß diese Operation ausgeführt worden ist, sonst gilt es als Betrug.

Selbstverursachte Verletzungen der Beine

Streichen im Fesselbereich

Bei jeder schnelleren Gangart als Schritt streifen die Pferde dabei die gegenüberliegenden Gliedmaßen, gewöhnlich an der Fessel, gelegentlich an der Krone.

Ursachen:

1. Schlechtes Gebäude.
2. Schlechte Aktion.
3. Das Pferd ist jung und „grün“ oder alt und schwach, die Muskeln sind untrainiert.
4. Das Pferd ist übermüdet, überarbeitet oder ungenügend gefüttert.
5. Vorstehende Niete.
6. Schlecht verpaßte oder zu schwere Eisen.

Behandlung:

Die Ursache herausfinden und, wenn möglich, beseitigen.

Ist das Pferd jung, verwende man während ein paar Wochen in der Ausbildung Streichgamaschen, bis die Muskeln gestärkt sind.

Den Beschlag entsprechend anpassen:

Man verwendet ein Streicheisen mit bodenengem innerem Schenkel ohne Nägel an der streichenden Stelle oder bei einem Hunter ein flaches Eisen, das gut unter die innere Wand verpaßt ist, oder ein Dreivierteleisen.

Streichen im Karpalbereich

Das Bein wird gerade unterhalb des Karpalgelenks durch den Huf des gegenüberliegenden Beines verletzt. Die Schläge sind heftiger und hinterlassen Wunden. Außer bei Trabern mit hoher Aktion oder bei Pferden ohne Kondition, die durch schweren Boden geritten werden, ist diese Erscheinung selten. Behandlung wie beim Streichen im Fesselbereich.

Greifen

Eine Verletzung der Hinterseite des Vorderbeins (gewöhnlich in der Ballengegend) durch das hintere Eisen. Der Schaden wird vom inneren Rand des hinteren Eisens und nicht von dessen Spitze verursacht.

Ursachen:
1. Das Vorderbein wird zuwenig gestreckt, oder das Hinterbein greift zu weit vor.
2. Galoppieren oder Springen bei schwerem Boden.
3. Unachtsames Reiten.

Behandlung:
Sofort Jodtinktur applizieren. Bei der Rückkehr in den Stall behandelt man die Wunde wie eine Quetschung (siehe Seite 118). Die Wunden variieren zwischen leichter Quetschung und tiefen Einschnitten.
Die Zehenspitzenpartie des hinteren Hufes muß breit und gerade gehalten werden. Das Eisen muß an der inneren Zehenwand gut zurückgesetzt und die Seitenkappen müssen mit der Hufwand bündig sein. An der Zehenwand soll der Rand mit der Raspel geglättet werden.
Pferde, die zum Greifen neigen, sollten auf Jagdritten oder beim Springen Sprungglocken tragen.

Schmieden

Eine im Trab auftretende Erscheinung, wenn das Eisen des hinteren Hufes auf die Unterseite des entsprechenden vorderen Eisens aufschlägt.

Ursachen:
1. Junges, „grünes“ und sehr gehlustiges Pferd mit vielversprechenden Gängen.
2. Schlechtes Reiten (ungenügende Beachtung des Rhythmus).
3. Schlechtes Gebäude (zu stark geneigte Fesseln).
4. Zu lange Hufe.

Behandlung:
Bei einem jungen Pferd verliert sich das Schmieden mit der Zeit, während es an Kondition gewinnt und an den Zügel geritten werden kann.
Die Vorderhufe werden mit konkaven Eisen beschlagen, was dem Pferd hilft, seine Vorderfüße möglichst schnell aus dem Weg zu bringen.

Bild 27.
Trittverletzungen

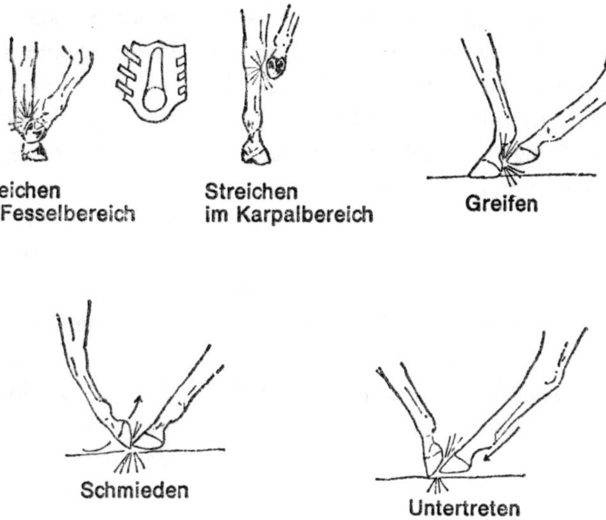

Die hinteren Eisen sollten gerade Zehenspitzenpartien haben und vorn gut unter die Wand zurückgesetzt sein.
Flache hintere Eisen, bei denen die Schenkel etwas dünner sind als die Zehenspitzenpartie, verzögern die Vorwärtsbewegung des Hinterbeins ein wenig.

Untertreten

Eine Verletzung der Zehenspitze des Hinterhufs durch die Zehenspitze des Vorderhufs, die sie beim Verlassen des Bodens streift (siehe Bild 27).

Ursachen:
Eigenart der Aktion, die möglicherweise auf einem sehr kompakten, kurzen Gebäude beruht.

Behandlung:
Vorderhuf mit einem Eisen mit gerader, bodeneng geschliffener Zehenspitzenpartie und zwei Seitenkappen beschlagen. Das Eisen vorn gut hinter die Wand zurücksetzen. Dadurch verfehlt in der Bewegung die vordere Zehenspitze diejenige des Hinterhufs. In ernsten Fällen soll die hintere Zehenspitze mit einer Schutzkappe versehen werden. Dieses zusätzliche Gewicht verzögert die Vorwärtsbewegung des Hinterfußes und hilft somit, einen Kontakt mit dem Vorderhuf zu vermeiden.

Knochenerkrankungen

Überbeine

Knochenauftreibungen oder -wucherungen auf der Röhre oder den Griffelbeinen oder zwischen diesen Knochen. Sie treten gewöhnlich an der Innenseite der Vorderbeine, aber gelegentlich auch auf der Außenseite auf. Durch eine starke Quetschung wird die Knochenhaut gereizt, was zu einer Knochenauftreibung führt. Überbeine erscheinen häufiger an den Vorderbeinen, aber auch hie und da an den Hinterbeinen. Haben sie sich einmal fertig ausgebildet, verursachen sie keine Schmerzen mehr.

Überbeine entstehen selten bei Pferden, die mehr als 6 Jahre alt sind. Bei Pferden unter 6 Jahren bilden sie sich häufiger, denn junge Pferde neigen noch mehr zum Streichen. Außerdem reagieren ihre Knochen, die sich noch in der Entwicklungsphase befinden, stärker.

Ursachen:

Knochenhautentzündung (Periostitis), verursacht durch

a) Druck, Stoß oder Zerrung, meist an wenig geschützten, direkt unter der Haut liegenden Knochenabschnitten (siehe Streichen);
b) zu frühen Beginn mit schwerer Arbeit, wobei die noch unentwickelten Gliedmaßen allzu großen Belastungen unterworfen werden.

Symptome:

Das Pferd geht im Anschluß an die Quetschung im Schritt gerade, zeigt aber im Trab Lahmheit, die sich mit der Arbeit steigert.

Überbeine sind gewöhnlich, aber nicht immer, sichtbar und fühlbar. Ein Fingerdruck auf die befallene Stelle verursacht anfänglich Schmerzen.

Die Lage der Überbeine ist sehr wichtig. Haben sie sich auf der Röhre oder den Griffelbeinen außerhalb des Bereichs von Karpal- und Fesselgelenk sowie nicht in der Nähe der Sehnen gebildet, bereiten sie kaum Schwierigkeiten. Hochliegende Überbeine dagegen können die Aktion des Karpalgelenks beeinträchtigen, rückwärts liegende Überbeine die Bewegung der Sehnen stören.

Behandlung:

Während der Bildung des Überbeins appliziert man Kaltwasserumschläge oder eine kühlende Lotion.

Dauert die Lahmheit mehr als 2 Wochen, kann eine scharfe Einreibung gemacht werden.

Der Durchschnittsfall ist in 4 bis 6 Wochen geheilt; das Überbein macht keine weiteren Schwierigkeiten. Wenn es so groß ist, daß es störend wirkt, muß es eventuell wegoperiert oder durch Brennen behandelt werden.

Mit zunehmendem Alter der Pferde werden Überbeine oft wesentlich flacher. Manchmal verschwinden sie.

Spat

Knochenwucherungen auf der Innenseite der unteren Abschnitte des Sprunggelenkes.

Ursachen:

Eine chronische, degenerative Erkrankung der Sprunggelenke, bedingt durch:

1. Vererbung. Säbelbeinige und kuhhessige Pferde sind anfällig.
2. Zu früh begonnene schwere Arbeit bei jungen Pferden.
3. Starke Überanstrengungen (Springen in schwerem Boden, plötzliches Anhalten, Ziehen schwerer Lasten).
4. Wiederholte starke Erschütterung,

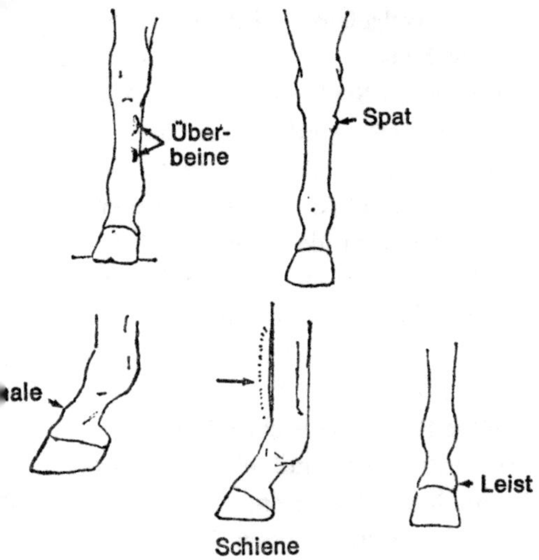

Bild 28. Knochenerkrankungen

vor allem wenn das Pferd keine Kondition hat oder übermüdet ist.

Symptome:
Leichte bis mittelgradige Lahmheit, die anfänglich nach einer kurzen Ruhepause zunimmt, aber sich während der Arbeit verringert oder ganz verschwindet.
Das Pferd macht mit dem kranken Bein kurze Schritte. Deutliche Steifheit im befallenen Gelenk, wodurch die Zehe nachgezogen wird.
Die Stützbeinphase auf dem befallenen Bein ist verkürzt. Wendet man das Pferd auf einem kleinen Kreis mit dem kranken Bein auf der Innenseite, tritt die Lahmheit verstärkt in Erscheinung, und das Pferd hebt das Bein ruckartig vom Boden.
Spatprobe: die erkrankte Hinterhand ca. 2 Minuten stark gebeugt hochhalten, dann antraben. Das Pferd wird das Bein schonen. Sichere Diagnose ist aber nur mit Röntgenbefund möglich.

Behandlung:
Manchmal hilft eine scharfe Einreibung auf der Spatstelle, die 5- bis 6mal im Abstand von jeweils 3 Wochen wiederholt wird.
Punktfeuer ist wirksamer. Meist muß mittels einer Operation das Gebiet gefühllos gemacht und der Verknöcherungsprozeß beschleunigt werden.
Nach einer Behandlung soll eine längere Ruheperiode auf der Weide folgen.

Verborgener Spat

Spatform, die zwischen den Gelenkflächen der Sprunggelenksknochen auftritt. Es ist noch keine Knochenauflagerung sichtbar. Die Ursachen sind die gleichen wie bei Spat; es handelt sich um das Anfangsstadium.

Symptome:
Wie bei Spat, doch ist keine Knochenauflagerung sichtbar. Die Lahmheit verringert sich nicht mit der Bewegung. Der Lahmheitsgrad kann variieren, aber das Pferd ist konstant lahm, und der Zustand kann sich mit der Arbeit noch verschlimmern.
Das befallene Sprunggelenk ist merklich wärmer.

Behandlung:
Diese dauert lange, und das Pferd kann permanent geschädigt sein.
Strichfeuer rund um das Gelenk sowie scharfe Einreibungen. Das Pferd soll

während der Behandlung ohne Bewegung in einer Box gehalten werden. Nach vier Monaten soll es, wenn möglich, für ein paar weitere Monate auf die Weide gebracht werden.

Schale

Knochenauflagerungen in Gelenknähe als Folge einer chronischen Entzündung des Fessel-, Kron- oder Hufgelenks. Man unterscheidet hohe Schale, die das Fesselgelenk befällt (Fesselgelenkschale), und tiefe Schale, die das Kron- oder Hufgelenk befällt (Krongelenk- beziehungsweise Hufgelenkschale).

Ursachen:
1. Schlechtes Gebäude (steile oder überlange Fesseln).
2. Direkte Verletzung.
3. Erschütterung, Verstauchung und Schläge (zum Beispiel durch dauerndes Gehen auf hartem Grund).
4. Eisen wurden zu lange Zeit belassen; dadurch werden die Gelenke falsch belastet.

Symptome:
Deutliche Lahmheit und schmerzempfindliche Anschwellung über der betroffenen Stelle. Der Schmerz klingt nach mehreren Wochen oder Monaten ab, dann beginnt die Knochenauflagerung. Die Lahmheit bleibt meist auch nach Abschluß der Knochenneubildung bestehen.
Wie bei anderen Knochenauflagerungen wird das Pferd auf hartem Boden stärker lahmgehen als auf weichem Grund. Das Fesselgelenk wird nicht richtig durchgebeugt.
Im späteren Stadium kann die Auflagerung gefühlt werden, bei der hohen Schale zum Beispiel um und oberhalb der Fessel. Tiefe Schale verändert im späten Stadium die Form des Hufs, und bei langandauernden Fällen bildet sich auf der Hufwand eine Furche.

Behandlung:
Völlige Ruhe und leichtes Futter.
Die Entzündung mit einer Kaltwasserbehandlung reduzieren.
Geht das Pferd auf den Trachten, muß man die Hufform korrigieren.
Scharfe Einreibungen oder Punktfeuer können bei andauernder Lahmheit wirksam sein. Im Anfangsstadium können eventuell Cortisoninjektionen versucht werden.
Beeinträchtigt die Schale die Gelenkflächen (artikuläre Schale), ist das Pferd unheilbar lahm.

Schiene

Entzündung der Knochenhaut (Periost) an der Vorderseite der Röhre, die bei jungen Rennpferden häufig auftritt.

Ursache:
Erschütterung (Galoppieren auf hartem Boden).

Symptome:
Das Pferd macht gewöhnlich mit beiden Vorderbeinen kurze Schritte (klammer Gang) und kann auch lahm sein.
Die Vorderseite der Röhre ist warm und

schmerzempfindlich, es erscheint dort eine schmerzhafte, diffuse Schwellung.
Die Beine können ganz anschwellen.
Verlust der Aktionsfreiheit in beiden Vorderbeinen. Wird die Arbeit fortgesetzt, kann Lahmheit die Folge sein.

Behandlung:
Ruhe und leichtes Futter.
Während ein oder zwei Wochen Kaltwasserbandagen applizieren, um die Schmerzen zu lindern, auch nach Wiederaufnahme der Arbeit. Dies trägt zur Abhärtung der Beine bei. In schweren Fällen, in denen eine Knochenauflagerung eingetreten ist, kann eine Behandlung mit scharfen Einreibungen versucht werden.

Hufknorpelverknöcherung

Verknöcherung der seitlichen Hufknorpel.

Ursachen:
1. Vererbung.
2. Ergebnis einer Entzündung der seitlichen Hufknorpel als Folge von Erschütterungen (zum Beispiel durch dickschenklige Eisen oder Stollen begünstigt).
3. Kann auf eine Schlag- oder Trittverletzung folgen.

Symptome:
Selten fühlbare Verhärtung. Bei einer partiellen Verknöcherung bleibt ein Teil des Knorpels flexibel, während der andere unnachgiebig wird. Bei der totalen Verknöcherung verschwindet jede Flexibilität. Verknöcherung im Röntgenbild nachweisbar.
Gewöhnlich tritt keine Lahmheit auf, außer wenn eine andere Krankheit die Gliedmaße beeinträchtigt (zum Beispiel Schale). Die Verknöcherung der Hufknorpel kann mit Trachtenzwang verbunden sein. Dadurch wird ein Druck auf die Huflederhaut ausgeübt, indem diese zwischen verknöchertem Hufknorpel und Hufwand eingeklemmt wird, was Schmerzen und Lahmheit zur Folge haben kann.
Bei der einseitig auftretenden Verknöcherung (gewöhnlich auf der Außenseite) werden die äußeren Schenkel der Eisen mehr abgenützt.

Behandlung:
Tritt keine Lahmheit auf, ist keine Behandlung notwendig. Geht das Pferd lahm, soll es ruhen und kalte Umschläge bekommen. Die primäre Ursache der Lahmheit soll gesucht werden.
Orthopädischer Beschlag kann den Druck verringern und den Huf spreizen.
Ist die Lahmheit hartnäckig, kann der Tierarzt eine Operation ausführen, bei der die Hufwand gefurcht wird. Dadurch wird der Druck, der die Lahmheit hervorruft, verringert.

Sehnenerkrankungen

Zerrungen, Verstauchungen

Als Zerrung bezeichnet man eine Überdehnung eines Bandes, einer Sehne, einer

Gelenkkapsel oder eines Muskels, bei der meist ein Teil der Fasern zerrissen wird. Sie ist die Vorstufe der Zerreißung. Bei der Verstauchung werden die Knochenenden eines Gelenkes kurzfristig verlagert und dabei die Gelenkbänder und die Gelenkkapsel gezerrt.
Sehnenzerrung ist ein weitläufiger Begriff und bezieht sich oft falscherweise auf eine Reizung oder Entzündung der Sehnenscheiden. Sehnen bestehen aus wenig elastischen, starken weißen Strängen. In den Fällen, wo eine Sehne selbst gezerrt wird, bleibt sie etwas gedehnt, da ein Teil ihrer Fasern zerrissen ist (fibrillare Zerreißung). Bei einer chronischen Entzündung der Beugesehnen spricht man von einer oberen oder einer unteren Wade, je nachdem, ob die Verdickung unter dem Karpalgelenk oder über dem Fesselkopf liegt.

Ursachen:

1. Ein Pferd muß ganz plötzlich anhalten wie zum Beispiel im Polospiel.
2. Das ganze Körpergewicht fällt auf ein Bein (zum Beispiel beim Landen nach einem Sprung).
3. Zu viel Galoppieren (zum Beispiel bei einem Rennpferd im Training).
4. Galoppieren oder Springen auf schwerem Boden, vor allem wenn das Pferd müde ist.
5. Die Hufwände sind zu lang.
6. Gebäudefehler, zum Beispiel lange, weiche Fesseln; ein krummes Bein; bodenenge Stellung.
7. Seltener entstehen Sehnenzerrungen, wenn das Pferd ausrutscht oder im Stall festliegt.

Allgemeine Symptome:
Plötzlich auftretende Lahmheit.
Schmerzen, Wärme und Schwellung, die zuerst diffus erscheinen und sich später um die Sehne herum konzentrieren.

Symptome einer verletzten Beugesehne:
Das Karpalgelenk wird in der Bewegung nicht genügend gebeugt. In hochgradigen Fällen ist das Pferd unfähig, das Bein zu heben oder zu beugen, weshalb es die Zehe nachzieht. In Ruhestellung hält das Pferd das Karpalgelenk leicht gebeugt und die Trachten vom Boden gehoben, um die Sehne zu entlasten.
Eine Verletzung der tiefen Beugesehne oder eines Unterstützungsbandes ist sehr schmerzhaft.
Ist die tiefe Beugesehne verletzt, entsteht die Schwellung mehr zum Röhrbein hin. Ist die oberflächliche Beugesehne verletzt, erscheint die Schwellung mehr auf der Hinterseite des Beines. Bei einer Verletzung eines Unterstützungsbandes ist das Bein nur wenig geschwollen und kaum warm. Jedoch zuckt das Pferd zusammen, wenn es mit dem Fuß auftritt, weil das verletzte Band belastet wird.
Bei Verletzungen des oberen Gleichbeinbandes erscheint keine merkliche Schwellung.

Diagnose der Lage der Zerrung:
Das Vorderbein aufheben und mit Zeigefinger und Daumen die verschiedenen Sehnen auf Verdickungen prüfen. Dabei drücken, bis das Pferd eventuell zuckt.
Um das Unterstützungsband der tiefen

Beugesehne zu kontrollieren, übt man einen Druck darauf aus, während der Fuß gehoben und ganz zurückgebeugt wird (bis an den Ellbogen). In dieser Stellung kann man das Band fühlen. Ebenso verfährt man beim oberen Gleichbeinband.

Bleiben in der Schwellung über der Sehne nach einem Fingerdruck Einbuchtungen zurück, rührt die Schwellung nicht von einer chronischen Zerrung her.

Lahmheit, Wärme und Schwellung der Gliedmaßen in der Sehnengegend können auch auf andere Ursachen zurückgeführt werden, zum Beispiel auf Infektionen und Eiterbildung im Huf, Druck durch einen um die Gliedmaßen gelegten Strick, Schlag vom gegenüberliegenden Huf. In jedem Fall ist daher der Tierarzt zu rufen.

*Allgemeine **Behandlung** für alle Arten von Zerrungen und Verstauchungen:*

Vollständige Ruhe und leichtes Futter (kein Kraftfutter). Bei einer leichten Verletzung genügen möglicherweise Kaltwasserumschläge oder eine Stützbandage nach der Applikation eines Azetataufstriches (kühlende Wirkung). Gewöhnlich ist die Verletzung aber schwerwiegender. Mit kühlenden Umschlägen können Entzündungen und Schmerzempfindlichkeit vermindert

Bild 29. a) Sehnen des Beines; b) Chronische Sehnenentzündung (Wade); c) Kurbe

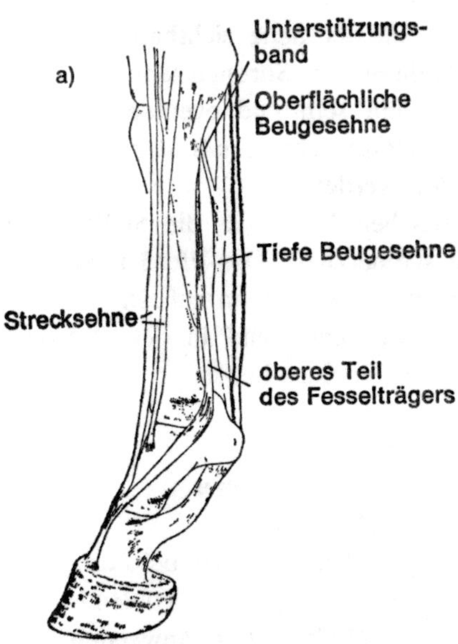

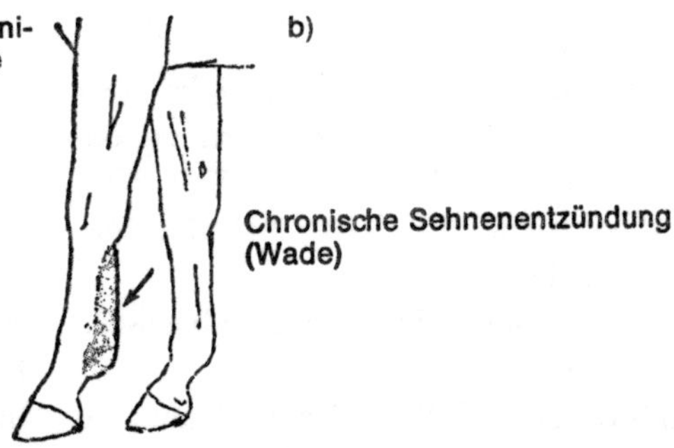

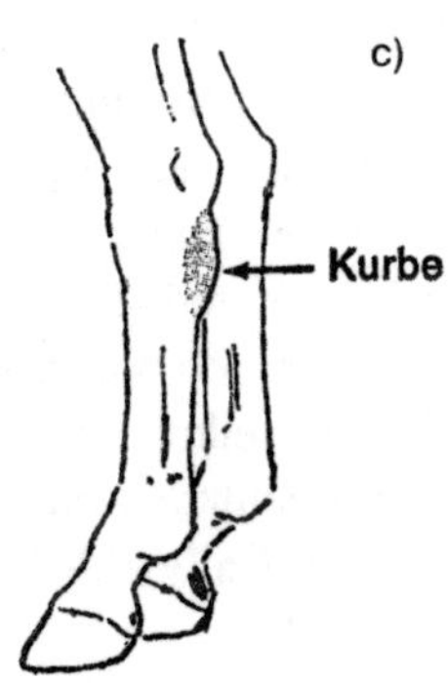

werden. Sie werden drei Tage lang angewandt. Danach spritzt man das Bein häufig mit kaltem Wasser ab und bandagiert es anschließend über Watte, die in Bleilotion getränkt worden ist, oder man legt feucht-warme Umschläge an. Man beschlage den Huf mit einem geschlossenen Eisen mit verdickten Schenkeln, die mit einem breiten Steg versehen sind. Dieser Steg läßt das Pferd auf jeder Bodenart bequem auftreten, während die verdickten Schenkel des Eisens die Sehne entlasten.
Schwerwiegende Fälle können eine scharfe Einreibung oder Brennen erfordern. Auf diese Behandlungen muß eine lange Ruheperiode folgen.

Nachbehandlung der Zerrung oder Verstauchung:
Nach einer schweren Zerrung oder Verstauchung soll man dem Pferd mindestens 6 Monate Ruhe geben. Erst dann darf es wieder für harte Arbeit eingesetzt werden.
Gute Wirkung zeigt eine Handmassage der Sehne.
Embrocation (Salbe oder Liniment) in Verbindung mit der Handmassage wirkt wohltuend und stimulierend.
Die Schenkel des Eisens werden allmählich wieder verdünnt. Nach dem Schlußeisen kann ein Keileisen verwendet werden, bei dem die Dicke ebenfalls nach und nach reduziert wird. (Stollen sind ungeeignet, da sie in kleine Löcher im Boden einsinken und keine gleichmäßige Unterstützung bieten.)
Das Pferd wird allmählich und langsam wieder bewegt.

Hasenhacke (Kurbe)

Eine Verdickung, die ca. 12 cm unterhalb der Spitze des Fersenhöckers in Erscheinung tritt. Es handelt sich dabei entweder um eine Verdickung der tiefen Beugesehne, ihres Unterstützungsbandes (Sehnenhasenhacke), der Beugesehne oder um eine Verdickung der Knochen des Sprunggelenkes (Knochenhasenhacke).

Ursachen:
1. Wie bei Zerrungen (mechanische Überbeanspruchung, zum Beispiel Springen bei tiefem Boden).
2. Schwache Sprunggelenke oder Säbelbeine. Bei manchen Vollblutpferden angeboren. Knochenhasenhacke durch Druck auf hartem Boden.

Symptome:
Eine von der Seite sichtbare, gewölbte Schwellung am Sprunggelenk. Sie kann sehr klein sein und eventuell erst bei einer Untersuchung mit der Hand gefunden werden.
In frischen Fällen ist die Stelle warm und schmerzhaft. Das Pferd kann auch lahmen. Es wird dann auf der vorderen Hufpartie gehen und in der Ruhestellung die Trachten heben.

Behandlung:
Ruhe und leichtes Futter.
Keileisen-Beschlag.
Sonstige Behandlung wie bei Zerrungen. Nach einigen Tagen mit kühlender Behandlung Embrocation anwenden oder eine halbscharfe Einreibung machen. In

schweren Fällen kann das Brennen zu einer endgültigen Heilung führen.

Sehnenscheiden- und Schleimbeutelerkrankungen

Schwellung oder Dehnung der Synovialis, die alle echten Gelenke, manche Teile der Sehnen und einiger Bänder sowie die Schleimbeutel (Bursae) umschließt. Die Schwellungen stammen von einer vermehrten Sekretion von Synovia (Gelenkschmiere). Pferde mit steilen Schultern, Fesseln oder Sprunggelenken (das heißt bei einem Gebäude mit mangelnder Elastizität in den Gelenken) sind am anfälligsten für Erkrankungen der synovialen Einrichtungen. Diese allgemeine Bezeichnung umfaßt Kreuzgallen, weichen Spat, Fesselgelenksgallen etc.

Allgemeine Behandlung

Die Behandlung hängt von der Ursache ab. Schwellungen, die von der Arbeit oder Erschütterungen herrühren, können geheilt werden, treten aber häufig wieder auf.
Schwellungen, die von Unfällen oder Zerrungen, von Bändern oder Sehnenteilen herrühren, treten nicht so leicht wieder auf, wenn sie frühzeitig behandelt worden sind.
Ruhe und, wenn möglich, kühlende Umschläge. Massage und Druck regen die Blutgefäßtätigkeit an. Für Pferde, die starke Abnützungserscheinungen aufweisen, ist das Abspritzen mit kaltem Wasser und eine kräftige Handmassage sehr nützlich.
Später helfen jodhaltige Einreibemittel, die Schwellungen zu reduzieren.
Wirkungsvoll sind auch trockene Druckbandagen, die nach einer Handmassage appliziert werden.

Kreuzgalle, weicher Spat

Vergrößerung der Gelenkkapsel des oberen Teils des Sprunggelenkes, das heißt des Gelenkes zwischen Schienbein und Ballbein. An der Innenseite des Sprunggelenkes erscheint vorn eine weiche Schwellung.

Ursachen:
1. Steile Sprunggelenke.
2. Übermäßige Belastung der Sprunggelenke, zum Beispiel rückwärts ausrutschen oder Überanstrengung.

Symptome:
Kleine Ausbuchtungen erscheinen an der Innenseite des Sprunggelenkes.
Die Schwellung ist gewöhnlich kalt, schmerzlos und fluktuierend. Das Pferd geht gewöhnlich nur nach akuten Verstauchungen lahm oder wenn die Schwellung so groß ist, daß sie die Bewegungsfreiheit des Gelenkes beeinträchtigt.
Bei einem akuten Fall entsteht eine Entzündung mit den üblichen Symptomen (Wärme, Schwellung und Schmerzen), das heißt Lahmheit.

Behandlung:
Bei einer kleinen Schwellung ohne

Lahmheitserscheinungen ist keine Behandlung notwendig.
Zur Entlastung des Gelenkes kann man ein hinten verdicktes Eisen (Keilschenkel, keine Stollen) verwenden. Das Eisen soll an der Zehenspitze bodeneng geschliffen sein und eine sehr starke Kappe haben.
In akuten Fällen sind kalte Applikationen mit adstringierenden Lotionen angebracht. Massage ist nützlich.
Scharfe Einreibungen an der Beugeseite des Sprunggelenks sind gefährlich, weil die Haut einreißen und sich wildes Fleisch bilden kann.

Kurbengalle

Vergrößerung der Sehnenscheide unmittelbar oberhalb und zu beiden Seiten der Spitze des Sprunggelenkes. Sie verursacht selten Lahmheit, ist aber ein Schönheitsfehler.

Ursachen:
1. Steile Sprunggelenke.
2. Plötzliches Anhalten aus dem Galopp, vor allem bei weichem Boden.
3. Steigen oder heftiges Ausschlagen.

Symptome:
Bei einer neuen, auf Verletzung beruhenden Schwellung ist diese heiß, straff und schmerzhaft.
Normalerweise ist die Schwellung aber kalt und unempfindlich. Sie ist eiförmig und erstreckt sich oft von einer Seite bis zur andern. Gewöhnlich ist sie besonders an der Innenseite des Sprunggelenkes deutlich sichtbar.

Behandlung:
Bei einer kleinen Kurbengalle ist keine Behandlung nötig. Das Pferd darf weiterhin bewegt werden.
Bei einer großen Kurbengalle muß das Pferd ruhen. Man macht eine scharfe

Bild 30

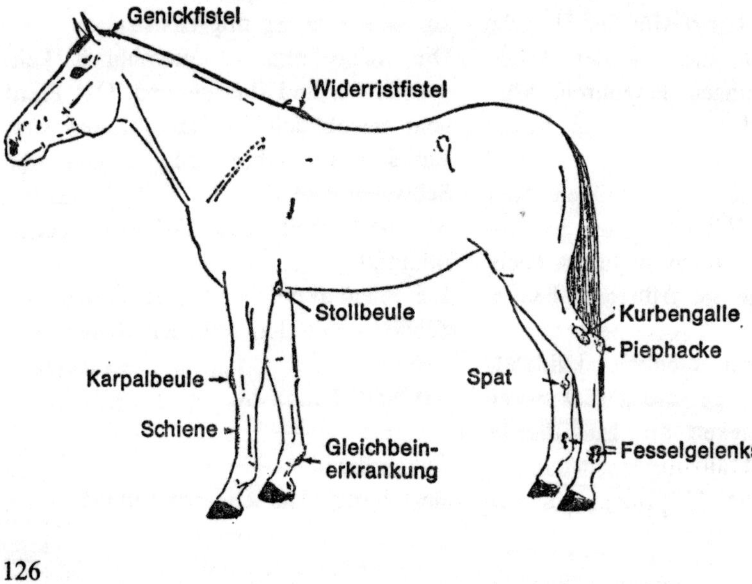

Einreibung oder behandelt mit einer Jodsalbe. Bei akuten Fällen bringt man die Schwellung oft erfolgreich zum Verschwinden durch die Anwendung einer kühlenden, adstringierenden Lotion und durch anschließend sorgfältig angebrachte Druckbandagen.
Gute Ergebnisse erzielt man manchmal auch durch ein Abziehen der Flüssigkeit und durch die Einspritzung von Hydrocortison in die Sehnenscheide. Dies muß dem Tierarzt überlassen bleiben.

Piephacke

Quetschung und daraus folgende Schwellung des Schleimbeutels an der Spitze des Fersenhöckers.

Ursachen:
1. Meistens Schläge mit dem Hinterbein gegen die Boxenwand.
2. Entsteht einmal eine Schwellung an der Spitze des Sprunggelenkes, wird sie jedesmal wieder gequetscht, wenn das Pferd sich hinlegt.
3. Gelegentlich beruht die Schwellung auf einer Verdickung der Sehne. In diesem Fall ist sie hart, bei einer Verletzung des Schleimbeutels aber weich. Eine Sehnenverdickung ist schwerwiegender und kann zu Lahmheit führen, kommt aber selten vor.

Symptome:
Bei einer frischen Verletzung ist die Schwellung heiß und bei Berührung schmerzhaft. In älteren Fällen ist die Schwellung nicht vermehrt warm, derb und nicht schmerzhaft. Lahmheit entsteht in der Regel nicht.

Behandlung:
Bei frischen Verletzungen macht man kalte Umschläge oder Azetataufstriche.
Tierarzt rufen, der unter Umständen punktiert und Cortison injiziert.
In chronischen Fällen können wiederholte scharfe Einreibungen wirkungsvoll sein. Häufig bleibt die Verdickung aber bestehen.

Verhütung:
Die Box tief einstreuen und die Seitenwände polstern. Im Stall und bei Transporten als Schutz Sprunggelenksgamaschen anlegen.

Fesselgelenksgallen

Schwellungen gerade oberhalb und zu beiden Seiten des Fesselgelenks. Sie führen selten zu Lahmheit, außer im Zusammenhang mit einer Verstauchung, und gelten nicht als Mangel.

Ursachen:
1. Mechanische Einwirkungen und Überanstrengung.
2. Zu lange Hufe und zu niedrige Trachten.

Behandlung:
Wie bei Kreuzgallen.
Die Fesseln mit kaltem Wasser abspritzen oder kalte Umschläge machen.
Keilförmige Eisen verwenden, um den Druck zu verringern. Im Stall sind Druckbandagen nützlich. Beginnt man aber einmal mit Einbandagieren, muß man es ständig machen, um einen Nutzen davon zu haben.

Stollbeule (Ellbogengalle)

Vergrößerung des Schleimbeutels an der Spitze des Ellbogenhöckers.

Ursachen:

1. Mangelnde Einstreu, weswegen das Pferd oft die Spitze des Ellbogens beim Liegen auf den harten Boden drückt, oder Druck der Schenkelenden der vorderen Eisen gegen den Ellbogenhöcker.
2. Sie kann entstehen, wenn das Pferd mit der Hinterhand nach Fliegen schlägt.

Symptome:
Am Ellbogenhöcker erscheint eine walnuß- bis kastaniengroße Schwellung. In den frühen Stadien kann die Schwellung bei Berührung schmerzhaft sein, was die Bewegungsfreiheit einschränkt. Nach rund zwei Wochen wird die anfänglich weiche Schwellung hart; es bildet sich eine dicke Kapselwand.

Behandlung:
Kaltwasserbehandlung in den frühen Stadien, gefolgt von Massage mit adstringierenden Lotionen.
Vergrößert sich die Schwellung weiter, muß sie eventuell vom Tierarzt punktiert werden, das heißt, die Flüssigkeit wird mit einer Spritze abgesaugt.

Zusätzliche Maßnahmen:
Das Pferd soll eine ausreichende Einstreu haben, am besten aus Lohe oder Holzspänen, die nicht so leicht verscharrt werden.
Legt sich das Pferd häufig hin und ist es für diese Verletzung anfällig, zieht man ihm ein dickes Schutzpolster um die Vorderhufe (auch Stollbeulengamasche genannt) an. Man macht dies auch im Anfangsstadium einer Stollbeule, um eine nochmalige Pressung der Geschwulst zu verhindern.
Die Schenkel der vorderen Eisen müssen kurz und gut abgerundet sein, oder man verwendet Halbmondeisen.
In hochgradigen Fällen muß der Schleimbeutel verödet werden.

Karpalbeule (Kniebeule)

Schwellung des Schleimbeutels über dem vorderen Teil des Karpalgelenks. Sie hat meist keinerlei Folgen und führt nicht zu Lahmheit. Auch Schwellungen der Haut oder der Unterhaut in diesem Bereich werden so genannt.

Ursachen:
Gewöhnlich ein Schlag oder Druck beim Liegen.

Behandlung:
Ruhe und weiche Einstreu.
Tierarzt verständigen.
Gute Erfolge mit Jodsalbe und Massage.
Nötigenfalls kann eine halbscharfe Einreibung gemacht oder Hydrocortison injiziert werden. In schweren Fällen muß unter Umständen operiert werden.

Gleichbeinerkrankung (Gleichbeinlahmheit)

Entzündung der Gleichbeine, degenerative Erkrankung oder Fraktur.

Ursachen:

1. Plötzliches Anhalten.
2. Springen (vor allem abwärts).
3. Gebäudefehler (zehenweite Stellung).
4. Andere Ursachen (siehe Sehnenzerrung).

Symptome:

Ziemlich deutliche Lahmheit, die aber mit Unterbrechungen auftreten kann.
Wärme und meistens eine Schwellung des befallenen Fesselgelenkes.
In schwerwiegenden Fällen kann das Pferd den Fuß nicht flach abstellen.

Behandlung:

Ruhe.
Kaltwasserbehandlung.
Zur Klärung der Ursache muß der Tierarzt gerufen werden. Gleichbeinbrüche und -degenerationen müssen ausgeschlossen werden. Scharfe Einreibungen und Punktfeuer können in chronischen Fällen Besserung bringen.
Es gibt meist keine dauerhafte Heilung.

Verletzungen und Wunden

Verletzungen sind offene und gedeckte Gewebezerstörungen. Wunden sind mit Zertrennung der Haut oder der Schleimhaut verbunden.

Schnittwunden

Durch eine scharfe Schnittfläche verursacht (Messer, Klinge, Glas). Nicht sehr häufig. Die Wundränder sind glatt und gerade, und die Blutung ist meistens stark. Die Heilungsaussichten sind günstig, da die Wundränder weder gequetscht noch zerrissen sind.

Rißwunden

Durch stumpfe Gegenstände verursacht, die in die Haut und das darunterliegende Gewebe eindringen und gewaltsam herausgerissen werden (Stacheldraht, vorstehende Nägel etc.). Rißwunden sind häufig. Die Wundränder sind zerfetzt, aber die Blutung ist schwächer als bei Schnittwunden.

Quetschungen

Durch Hiebe, Schläge, Stürze, Druck etc. verursacht. Die Haut wird nicht immer durchbrochen, aber die Gefäße unter der Haut platzen, und die verletzten Partien werden von Blut unterlaufen. Diese Verletzungen sind ziemlich häufig.

Stichwunden

Durch Dornen, Pfähle, Nägel (im Huf) oder Mistgabeln (an den Beinen) verursacht. Gewöhnlich haben solche Wunden eine kleine Öffnung, aber sie können tief in die Gewebe eindringen. Im Huf führen sie häufig zur Abszeßbildung. Im Gegensatz zu anderen Wunden, die möglichst schnell zuwachsen sollen, müssen Stichwunden für die Dränage offengehalten werden. Wenn sie zu schnell zuwachsen, können Fremdkörper darin zurückbleiben, und es kann sich eine Fistel bilden.

Wundbehandlung

1. *Blutung stoppen*

Sind nur kleine Gefäße verletzt, kommt die Blutung meist von selbst zum Stehen. Andernfalls preßt man die Wundränder mit leichtem Druck aneinander oder begießt sie reichlich mit sauberem, kaltem Wasser.

Führt die Verletzung zu einer starken arteriellen Blutung (Blutung ist hellrot und spritzt pulsierend hervor), muß man eventuell zwischen Wunde und Herz eine Staubinde anlegen. Diese darf nicht zu lange belassen werden, sondern wird in regelmäßigen Abständen gelockert, da sonst schwere Störungen in der Blutzufuhr zur Gliedmaße auftreten.

Bei mittelgradigen Blutungen hat sich der Druckverband bewährt, der mit guter Wattepolsterung an der verwundeten Stelle straff angelegt wird.

2. *Wunde gründlich reinigen*

In der Umgebung der Wunde die Haare wegschneiden. Dann läßt man während 15 Minuten sehr sachte und kontinuierlich Wasser über die Wunde rinnen, falls möglich, mit dem Schlauch. Andernfalls nimmt man zur Reinigung einen wassergetränkten Wattebausch. Schwämme und Desinfektionsmittel sollten vermieden werden.

Fremdkörper aus der Wunde vorsichtig entfernen, aber die Wunde nicht sondieren.

Bei einer Stichwunde muß der Tierarzt vorsichtig sondieren, ein Laie sollte dies aber nie tun. Liegt die Wunde in der Nähe eines Gelenkes, besteht die Gefahr, daß man die Gelenkkapsel beschädigt.

3. *Wunde mit Medikamenten behandeln oder verbinden:*

Die offenen Partien mit einem milden Antiseptikum behandeln. Bei einer kleinen Wunde genügt es, diese reichlich mit Wundpuder zu bestäuben.

Die Wundränder so nahe wie möglich zusammenschieben und in dieser Stellung durch Verband fixieren. Große Wunden müssen vom Tierarzt genäht werden, weil sich beim Pferd leicht wildes Fleisch bildet.

Bewegungen des verletzten Körperteils so weit wie möglich unterbinden.

Vor Fliegen schützen. Ein Verband ist nicht immer notwendig, wird jedoch einer verwendet, muß die Wunde mit steriler Gaze abgedeckt und dann locker bandagiert werden, damit für eine eventuelle Schwellung genügend Platz bleibt.

Zusätzliche Maßnahmen:

Gegen Tetanus impfen lassen. Ist das Pferd bereits gegen Tetanus geimpft, ist eine Nachimpfung erforderlich.

Box oder Ständer müssen peinlich saubergehalten werden, um einer Infektion vorzubeugen.

Das Pferd soll nicht bewegt werden und leichtes Futter bekommen.

Bei einer sehr großen Schwellung helfen kalte Umschläge. Besser als Desinfektionsmittel haben sich Antibiotika, zum Beispiel Penicillin, Streptomycin etc., bewährt.

Verletzungen in der Mundhöhle

Sie treten an Kinnladen, Zunge oder Backen auf.

Ursachen:

1. Schlecht verpaßtes oder abgenütztes Gebiß.
2. Grobe Hand des Reiters.
3. Scharfkantige Backenzähne oder andere Zahnfehler.

Behandlung:

Die Arbeit während einiger Tage einstellen. Nach der Fütterung wird das Maul mit warmem Salzwasser ausgewaschen.

Die Ursache beseitigen, das Gebiß richtig verpassen. Zähne beraspeln lassen.

Gurtendruck

Erscheint auf der weichen Haut hinter den Ellbogen.

Ursachen:

1. Zu enger, zu harter oder zu lockerer Gurt.
2. Schmutz in der Gurtenlage (zum Beispiel eingetrockneter Schweiß mit Staub).

Behandlung:

Haut reinigen und Wundsalbe einreiben. Den Sattel während mehrerer Tage nicht benutzen.

Danach verwende man einen Mohair- oder Schnurgurt oder überziehe den Gurt mit Lammwolle.

Satteldruck

Jede Verletzung von leichter Schürfung bis zu heftiger Schwellung, verursacht durch Scheuern oder Druck des Sattels. Durch Scheuern werden Krankheitserreger in die Haut massiert und die äußeren, schützenden Hautschuppen schneller abgerieben, als sie ersetzt werden können.

Ursachen:

1. Schlecht verpaßter Sattel.
2. Nachlässige Sattelung (zurückgefaltetes oder zerknittertes Polster u. ä.).
3. Schmutziges und/oder beschädigtes Sattelfutter.
4. Schmutzige oder schlecht gefaltete Schabracke oder Sattelunterlage.
5. Nachlässiges Reiten (Umherrutschen im Sattel).
6. Schlechtes Gebäude magerer Pferde.

Behandlung:

Die Ursachen beseitigen; Arbeit einstellen. Hat sich eine offene Wunde gebildet, trägt man Wundsalbe auf. Dafür sorgen, daß das Pferd sich nicht wälzt, solange die Gefahr besteht, daß die Wunde wieder aufbricht.

Verhütung:

Korrekte Sattelverpassung.

a) Der Widerrist darf nicht eingeklemmt oder gedrückt werden.
b) Der Sattel darf die völlige Bewegungsfreiheit der Schulterblätter nicht beeinträchtigen.
c) Die Lenden und die Wirbelsäule dürfen kein Gewicht tragen. Das ganze

Gewicht muß von der Elastizität der Rippen gestützt werden.

d) Entlang der Wirbelsäule muß die Luft frei zirkulieren können.

Der Sattel, das Sattelfutter und alles Sattelzubehör müssen saubergehalten werden. Schabracken oder Satteluntergen müssen unbedingt richtig gefaltet werden bzw. glatt liegen. Es muß immer sorgfältig und in Ruhe gesattelt werden. Widerristpolster sind nur Notbehelf. Wird eines verwendet, muß es ganz in den Vorderzwiesel hinaufgezogen werden und darf nicht auf den Widerrist oder die Wirbelsäule drücken. Der Reiter soll immer aufrecht im Sattel sitzen. Bevor der Pferderücken ein Gewicht für längere Zeit tragen darf, muß er allmählich in Kondition gebracht und abgehärtet werden.

Vorbeugende Rückenpflege nach dem Absatteln:

Nach dem Entfernen des Sattels wird der Rücken sanft massiert und geklopft, um die normale Zirkulation wiederherzustellen. Die Sattellage wird mit einem in warmem Wasser ausgedrückten Schwamm abgewischt und das Pferd trockengeführt, wenn das Wetter es erlaubt, und anschließend durchgebürstet. Ist das feuchte Abwischen aus Witterungsgründen nicht ratsam, wird die Sattellage mit Stroh abgerieben und durchgebürstet, sobald sie trocken ist.

Das Pferd verändert während der Periode, in der mit ihm gearbeitet wird, seine Gestalt, und die Muskelmenge auf dem Rücken wird entsprechend variieren. Die Sattelpolsterung muß möglicherweise von Zeit zu Zeit geändert werden, um der neuen Linie des Rükkens Rechnung zu tragen.

Wunden am Karpalgelenk

Oberflächenverletzung an einem oder beiden Karpalgelenken, von leichter Schürfung bis Entblößung der Knochen.

Ursache:
Straucheln oder Stürzen des Pferdes

Behandlung:
Jede Verletzung eines Gelenkes muß vom Tierarzt behandelt werden! Bei einer offenen Verletzung besteht die Hauptgefahr in einer Wundinfektion, die zu Gelenk-, Sehnenscheiden- und Knochenerkrankungen führen kann. Das Gelenk kann dann permanent steif werden.

Das Pferd vollständig ruhigstellen. Nicht sondieren, sondern mit sterilem Verband abdecken und mit einer Gamasche schützen. Nicht bandagieren!

Fisteln

Als Fisteln werden röhrenförmige alte Wunden mit schlechter Heiltendenz bezeichnet, aus denen Eiter oder Sekret fließt.

Genickbeule, Genickfistel

Weiche, schmerzhafte Schwellung eines Schleimbeutels auf dem Kopf direkt hinter den Ohren, aus der sich ein Abszeß bildet. Mit der Zeit dringt die Entzündung in die Tiefe vor und beeinträchtigt einen Teil des Nackenbandes, des größten Bandes im Körper. Bei jeder Kopfbewegung entstehen dann heftige Schmerzen. Häufig heilt die Entzündung nicht ab, und eine Fistel bleibt.

Ursachen:
1. Direkte Verletzung entweder durch Schlag mit dem Genick gegen eine Krippe, einen tiefen Türrahmen etc., oder jemand hat dem Pferd mit dem Peitschengriff oder ähnlichem auf den Kopf geschlagen.
2. Druck durch schweren Zaum oder enges Halfter.
3. Sie kann auch ohne erkennbare Ursache auftreten.

Behandlung:
Die Ursache beseitigen (falls durch Druck bedingt).
Die Behandlung ist die gleiche wie bei akuten Abszessen. Wegen der Lage der Verletzung entstehen aber Schwierigkeiten bei der Dränage.
Das Pferd in einer Box halten und sein Futter dort verabreichen, wo es mit der geringsten Kopfbewegung erreicht wird. Leichtes Futter geben.
Die Genickgegend mit kühlen Umschlägen behandeln.
In den meisten Fällen ist ein chirurgischer Eingriff durch den Tierarzt erforderlich.

Widerristfistel

Eine ähnliche Erscheinung wie die Genickbeule, aber in diesem Fall in der Widerristgegend.
Ursache:
Druck und Klemmeffekt durch schlecht verpaßten Sattel oder falsch sitzendes Geschirr auf einen Schleimbeutel.

Symptome:
Zuerst erscheint eine kleine Schwellung auf der Spitze oder zu beiden Seiten des Widerrists.
Sie ist bei Berührung empfindlich und schmerzhaft. Die unter der Haut liegenden Gewebe sind gequetscht, und mit der Zeit bildet sich ein Abszeß.
Pferde mit schlechter Kondition oder mit hohem Widerrist sind für diese Verletzung am anfälligsten.

Behandlung:
Wie die Genickbeule ist auch die Widerristfistel eine sehr ernste Sache. Der Tierarzt sollte so bald wie möglich zu Rate gezogen werden. Vernachlässigte Fälle können unheilbar werden.

Darmparasiten

Pferdedasseln

sind die Larven der Pferde-Magenbremse. Diese bräunlich-gelbe, behaarte Fliege von knapp 1 bis 1,5 cm Länge legt im Spätsommer und Herbst ihre Eier auf die Haut der Pferde. Die kleinen, gelben Eier werden an den Haaren befestigt, und zwar im allgemeinen am vorderen Teil des Körpers in Reichweite der Zunge.

Die Larven schlüpfen nach 5 bis 21 Tagen aus. Das Pferd leckt sie vom Fell, wobei sie in sein Maul gelangen und sich in die Schleimhäute von Gaumen, Lippen und Zunge einbohren. Dort bleiben sie während einer kurzen Wachstumsperiode und wandern dann in den Magen weiter.

Symptome:
Bei starkem Befall kann das Pferd Kondition verlieren und bekommt ein trokkenes, struppiges Haarkleid.
Es kann eine Erhöhung von Temperatur und Pulsfrequenz eintreten. Das Pferd wird unruhig und schlägt gegen den Bauch.
Das Pferd kann abwechslungsweise an Durchfall und Verstopfung leiden und kolikartige Erscheinungen zeigen.
Befinden sich Larven im Magen, rufen sie eine Entzündung hervor. Die Magenwand um die Pferdedasseln herum schwillt an. Pferdedassellarven sind etwa 2 cm lang und können vor allem im Frühling im Kot ausgeschieden werden.
In kleinen Mengen verursachen sie keinen Schaden.

Verhütung:
In der Zeit, in der die Pferde-Magenbremsen ihre Eier legen, soll man die Pferde nicht auf die Weide lassen oder ihnen wenigstens einen dunklen Unterstand zur Verfügung stellen, in denen sie gegen die Angriffe der Fliegen geschützt sind.
Entdeckt man Eier im Fell, schert man die Haare ab. Auch durch häufiges Putzen vermag man einen Teil der Eier zu entfernen.
Man behandelt die Körperteile des Pferdes, auf denen Eier abgelegt worden sind, einmal wöchentlich mit einer 2⁰/₀igen Lysollösung, was die Eier zerstört.

Behandlung:
Mit einer Nasenschlundsonde wird dem Pferd vom Tierarzt Schwefelkohlenstoff oder Tetrachlorkohlenstoff eingegeben. Diese Behandlung erfolgt am besten bei Frühlingsanfang, wenn die Larven noch im Magen sind, da sie später ausgeschieden werden.
Die Tiere sollten auch im Herbst nach dem Verschwinden der Fliegen behandelt werden.
Es gibt weitere, moderne Behandlungsmethoden, die der Tierarzt am besten mit einer allgemeinen Parasitenbehandlung verbindet.

Spulwürmer (Askariden)

sind steif, weiß, bis zu 30 cm lang und bis bleistiftdick.

Symptome:
Sind sie in kleinen Mengen vorhanden, treten selten Symptome auf.
In großen Mengen können sie zu Konditionsverlust, Verstopfung oder unregelmäßiger Darmträgheit sowie zu gelegentlicher Kolik führen. Befallen werden besonders junge Pferde. Bei Fohlen können Todesfälle durch Darmverschluß vorkommen.

Behandlung:
Vom Tierarzt Wurmmittel geben lassen.

Ist das Pferd auf der Weide, soll es nach der Wurmkur auf eine andere Weide gebracht werden. Die Spulwurmeier sind sehr widerstandsfähig.

Pfriemenschwänze (Oxyuren)

Weibchen ca. 4 bis 15 cm lang, Männchen ca. 1 cm lang, sehr dünn, befinden sich im Grimmdarm.

Symptome:
Das Pferd scheuert den Schweif wegen des Juckreizes, der durch die zur Eiablage aus dem After kriechenden Weibchen verursacht wird. In der Umgebung des Afters findet man weißliche bis schmutziggraue Krusten, die die Wurmeier enthalten.

Behandlung:
Wurmmittel verabreichen. Die Behandlung nach 3 bis 4 Wochen wiederholen (sie hat keine große Wirkung gegen die Würmer im Larvenstadium).

Palisadenwürmer (Strongyliden oder Blutwürmer)

Die gefährlichsten aller Parasiten, zirka 1 bis 4 cm lang und von rötlicher Farbe, da sie Blut saugen. Im Larvenstadium können sie Blutgefäße und andere Organe schädigen.

Symptome:
Diese können sehr heftig sein, vor allem bei jungen Pferden.
Gewichtsverlust.
Blutarmut.
Eingefallene Flanken.
Gesenkter Bauch.
Rauhes Haarkleid.
Unregelmäßige Darmtätigkeit, gelegentlich Durchfall.
Kolik durch Schädigung der Darmgefäße und -nerven.
Die Wurmeier können im Kot nachgewiesen werden.
Wird das Pferd nicht behandelt, wird es extrem schwach und kann schließlich nicht mehr aufstehen.

Behandlung:
Phenothiazin, Thiobenzol oder ein anderes geeignetes Wurmmittel nach Vorschrift eingeben.
Behandlung während des ganzen Jahres regelmäßig im Abstand von 12 bis 16 Wochen wiederholen und die Anweisungen des Tierarztes befolgen.
Bei jedem behandelten Pferd soll eine regelmäßige Wurmkontrolle durchgeführt werden, um die Wirksamkeit der Medikamente zu überprüfen.

Verhütung:
Auf der Weide lebende Pferde besonders genau beobachten und nicht zu viele zusammen auf eine Weide bringen.
Es ist vorteilhaft, Pferde im Wechsel mit anderen Tieren weiden zu lassen. Nur Equiden werden von Palisadenwürmern befallen, andere Tiere können Eier und Larven zerstören.
Die Kothaufen regelmäßig von den Weiden entfernen, und zwar innerhalb von 24 bis 48 Stunden.
Die Weiden säubern: entweder pflügen, während 1 oder 2 Jahren mit Getreide und anschließend als 3jährige Kunst-

wiese bepflanzen, oder die Weiden nacheinander nicht belegen und zweimal pro Jahr mähen (Heu und Grummet).
Der Misthaufen muß richtig verrotten, bevor er eingepflügt oder ausgestreut wird. Die Gärungswärme tötet Eier und Larven.

Hautparasiten

Räude

Man unterscheidet drei Haupträudearten:

1. Sarcoptes-Räude: schwerwiegendste Form, heute selten. Wird durch eine bohrende Grabmilbe verursacht. Der Parasitenbefall beginnt meistens in Widerristnähe, häufig auch im Gesicht. Die Parasiten sitzen in infiziertem Sattelzeug beziehungsweise Zaumzeug.
2. Psoroptes-Räude: ähnlich wie Sarcoptes-Räude, aber weniger ernst. Die Milbe, die einer andern Art angehört, bohrt sich nicht ein, sondern saugt sich auf der Hautoberfläche fest. Sie verbirgt sich unter dem Langhaar und wird am häufigsten in Mähne und Schweif gefunden, kann sich aber über den ganzen Körper ausbreiten.
3. Chorioptes-Räude: wird von einer weiteren Milbenart verursacht und beschränkt sich auf Beine und Fesselbeugen, vor allem bei Pferden mit langem Kötenbehang.

Ursachen:
1. Ansteckung.
2. Schmutz und mangelnde Pflege.

Symptome:
Juckreiz, Scheuern.
Bei Chorioptes-Räude stampft das Pferd oft rasch hintereinander mit den Füßen.
Die befallenen Hautpartien verdicken sich und werden runzelig. Schließlich fallen die Haare aus, wobei auf der Haut eine dünne Kruste zurückbleibt.

Behandlung:
Absonderung.
Hochwertiges Futter verabreichen.
Das Pferd scheren und alle Haare verbrennen.
Milbenmittel nach Vorschrift des Tierarztes anwenden.
Es muß dafür gesorgt werden, daß auch alle nicht auf dem Körper des Tieres befindlichen Parasiten abgetötet werden, da sonst eine Neuinfektion auftritt. Parasiten, die sich im Holzwerk etc. aufhalten, werden mit einer Lötlampe vernichtet.

Achtung:
Bei Räude der Pferde besteht Anzeigepflicht bei der Ortspolizeibehörde oder beim beamteten Tierarzt!

Läuse

Sie treten bei Pferden auf, die in schlechter Verfassung sind. Pferde können sich aber auch auf der Weide infizieren. Läuse saugen Blut, und das Pferd verliert bald Kondition.

Symptome:
Das Haarkleid wirkt fleckig, Haarausfall, Krustenbildung. Juckreiz, das Pferd scheuert sich an jedem bequem erreichbaren Gegenstand.
Läuse und ihre Eier (Nissen) können bei genauer Beobachtung mit bloßem Auge festgestellt werden.

Behandlung:
Das Pferd scheren und gründlich putzen.
Ein vom Tierarzt verschriebenes Parasitenmittel anwenden. Die Behandlung nach 10 Tagen wiederholen, um die Läuse zu erfassen, die seit der ersten Behandlung ausgeschlüpft sind. Eier werden nicht abgetötet. Desinfektionsmittel sind gegen Läuse wirkungslos.

Zecken

Ähnlich wie die Art, die bei Hunden vorkommt.

Behandlung:
Die Zecken freilegen und mit Mineralöl oder Terpentin betupfen. Wenn sie ihren Halt lockern, fallen sie heraus. Sie sollen nicht ausgerissen werden, da die Gefahr besteht, daß der Kopf abreißt und eine Entzündung in der Haut verursacht.

Glatzflechte (Trichophytie)

Eine ansteckende, durch einen Pilz hervorgerufene Hautkrankheit. Sie wird leicht durch Sattel- oder Putzzeug oder durch die Benützung der Box oder des Ständers eines bereits erkrankten Tieres übertragen.

Ursachen:
1. Ansteckung in einem fremden Stall, bei einem Transport, durch infizierte Decken, Sattel- oder Putzzeug.
2. Verschmutzung und schlechte Kondition des Pferdes erhöhen die Anfälligkeit.

Symptome:
Kreisförmige gerötete Hautstellen werden von aufgerichteten Haaren umgeben, besonders an Hals und Schultern. Die Stellen werden größer und bilden Schorf, der auf der Haut grauweiße Krusten zurückläßt. Sie dehnen sich rasch aus, das Pferd verliert Kondition.

Behandlung:
Für eine erfolgreiche Behandlung von Hautpilz ist man auf die fachmännische Hilfe des Tierarztes angewiesen. Die neuen Behandlungsmethoden sind wirksam, aber nicht billig.
Das Pferd isolieren, aufs genaueste darauf achten, daß Sattel- und Putzzeug häufig desinfiziert werden. Für jedes Pferd in dieser Zeit im Stall separates Putzzeug benutzen.
Hat das Pferd ein langes Fell, soll es geschoren werden. Die abgeschnittenen Haare sofort verbrennen und die Schermaschine nach dem Gebrauch desinfizieren.
Es ist von höchster Wichtigkeit, daß alle Hautpilzstellen gründlich behandelt werden. Die Krankheit breitet sich weiter aus, wenn auch nur eine einzige

Stelle vernachlässigt wird. Die Behandlung muß so oft wiederholt werden, bis alle Stellen abgeheilt sind.

Das Pferd sauberhalten. Nach dem Putzen wird es mit einem Wischtuch, das mit einem milden Desinfektionsmittel angefeuchtet ist, abgerieben.

Beim Putzen des kranken Pferdes soll man einen Overall mit langen Ärmeln und Gummihandschuhe tragen, denn der Hautpilz kann vom Pferd auf seinen Pfleger übertragen werden.

Die Box anschließend gründlich desinfizieren.

Das Pferd soll auch nach Verschwinden der erkrankten Stellen von den Stallgefährten getrennt gehalten und während einiger Zeit genau beobachtet werden, falls es einen Rückfall erleidet.

Nichtparasitäre Hauterkrankungen

Akne, Haarbalgentzündung, Folliculitis

Hautkrankheit, bei der verstreute Pikkel besonders in der Sattellage, meist in der Nähe des Widerrists, auftreten. Durch Bakterien verursacht, die in die Haut eingerieben wurden.

Behandlung:

Mit milder Seife waschen. Anschließend mit einer Desinfektionslösung für Hände einreiben.

Jeden zweiten bis dritten Tag behandeln. Separates Putzzeug benutzen.

Mauke

Querverlaufende Risse und Hautverdickungen in der Fesselbeuge, die sich manchmal von der einen Seite bis auf die andere ausdehnen können.

Ursachen:

1. Das Pferd ist Nässe und Kälte ausgesetzt worden.
2. Hautreizung durch Schlamm oder Nässe.
3. Reizungen durch Seile und Fesseln.
4. Schlechte Stallhaltung, bei der das Pferd in schmutziger, nasser Einstreu steht und die Ammoniakdämpfe den Zustand noch verschlimmern.
5. Die Beine des Pferdes wurden zu häufig gewaschen. Dadurch wurden die natürlichen Fette entfernt, die die Haut geschmeidig halten.
6. Schweiß, der die Beine hinunterrinnt bis in die Fesselbeuge (häufige Ursache bei Rennpferden).

Symptome:

Die Haut in der Fesselbeuge eines oder mehrerer Beine ist empfindlich, gerötet und schorfig.

Es bilden sich kleine Blasen, die aufplatzen, worauf ein Riß entsteht.

Erfolgt keine Behandlung, dehnt sich der Riß in Breite und Tiefe aus, wobei seine Ränder sich verdicken und hart werden.

Das Pferd geht lahm und bewegt sich auf den Hufspitzen. Die Lahmheit kann sich mit der Bewegung bessern.

Das Bein kann anschwellen.

Behandlung:
Mit warmem Wasser und medizinischer Seife waschen und gründlich trocknen.
In der Fesselbeuge alle Haare abschneiden.
Bei leichten Fällen wird im Anfangsstadium Zink- und Lebertransalbe appliziert. Im fortgeschrittenen Stadium muß man eventuell die Fesseln bandagieren, um die Bewegung einzuschränken.
Der Tierarzt soll konsultiert werden. Das Pferd braucht Ruhe und leichtes Futter.
Bei einsetzender Heilung hält man die Fesselbeugen mit Vaseline geschmeidig.

Verhütung:
Nach Möglichkeit sollen die Beine nicht geschoren werden, da die Haare als Schutz wirken.
Werden die Beine gewaschen, müssen sie immer sorgfältig getrocknet und eventuell eingefettet werden.
In nassem, lehmigem Gelände werden die Fesselbeugen mit Zinksalbe oder Vaseline eingestrichen, bevor man ausreitet.

Lehmfieber

Ähnlich wie Mauke, befällt aber auch die Innenseite der Vorderbeine sowie die Vorderseiten der Hinterbeine von der Fessel aufwärts. Veränderungen in der Sprunggelenksbeuge werden als Raspe bezeichnet.

Ursachen:
Ähnlich wie bei Mauke, Hauptursache ist das Waschen der Beine.

Symptome:
Geschwollene Beine, die Haut ist warm und empfindlich. Die Haut verdickt sich, wird rauh und mit kleinen Schorfstellen übersät. Der Schorf fällt zusammen mit den Haaren ab und hinterläßt eine rote Stelle.
Je nach Schwere des Befalls geht das Pferd lahm.

Behandlung:
Das Pferd bekommt leichtes Futter und muß ruhen.
Die Beine mit warmem Wasser waschen, spülen und gründlich trocknen.
Eine adstringierende Lotion, Zinksalbe oder ein vom Tierarzt verschriebenes Mittel einreiben.

Verhütung:
Wie bei Mauke; Schmutz nicht abwaschen, sondern eintrocknen lassen und dann abbürsten.

Nesselfieber (Urticaria)

Eine Hautkrankheit, bei der auf verschiedenen Körperteilen runde Schwellungen auftreten.
Sie tritt am häufigsten bei jungen Pferden auf, vor allem wenn sie erstmals auf eine üppige Weide kommen.

Ursachen:
1. Allergie.
2. Plötzlicher Wechsel im Futter oder falsche Fütterung, zum Beispiel zuviel Kraftfutter und zuwenig Arbeit; verdorbenes Futter.

3. Überempfindlichkeit gegen Chemikalien oder Medikamente.

Symptome:
Ganz plötzlich erscheinen runde Knötchen oder Quaddeln auf dem Körper, die sehr klein sein oder bis zu mehreren Zentimetern Durchmesser haben können. Die Schwellungen sind an der Oberfläche flach und bei Berührung elastisch.
Es gibt selten eine Reizung.
In milden Fällen erscheinen die Knötchen nur am Hals. Andernfalls treten sie entweder fleckenweise oder über den ganzen Körper verstreut auf.

Behandlung:
Das Pferd soll in der Box bleiben, leichtes Futter erhalten und an drei aufeinanderfolgenden Tagen ein Antihistaminikum bekommen. Der Tierarzt soll gerufen werden.
Hartnäckige Schwellungen können mit verdünnter essigsaurer Tonerde behandelt werden.
Die Schwellungen verschwinden meistens spontan.

Mähnen- und Schweifekzem

Eine Hautkrankheit, die wahrscheinlich auf einer allergischen Reaktion auf Weidepflanzen beruht und meistens bei Ponys und dicken Pferden angetroffen wird. Sie befällt aber auch andere Pferde, und zwar am häufigsten, wenn sie auf einer üppigen Weide sind. Sie ist saisonbedingt und tritt im Frühling und Sommer auf.

Ursachen:
Sehr wahrscheinlich eine allergische Reaktion auf irgendeine Pflanze. Eventuell ist auch dichte Behaarung in Verbindung mit Nässe die Ursache.

Symptome:
Hautpartien am Mähnenkamm, Schweifansatz, Hals und Widerrist schwellen an, entzünden sich und verschorfen.
Das Tier scheuert sich.
Die äußere Hautschicht wird beschädigt. Das Serum fließt aus und sammelt sich auf der Oberfläche.
Die Haare fallen aus und lassen feuchte, kahle Stellen zurück. Später verdickt sich die Haut, wird hart, runzelig und schorfig.

Behandlung:
Da dieses Ekzem als eine Allergie auf irgendeinen Bestandteil im Gras angesehen werden kann, soll kein Grünfutter verabreicht werden.
Die Haare von den befallenen Stellen abscheren.
Mit warmem Wasser und medizinischer Seife waschen und gut trocknen.
Eine adstringierende Salbe applizieren, zum Beispiel Zink-Schwefel-Salbe, Salicylsäuresalbe oder andere Hautsalben.
Zusätzlich zur lokalen Behandlung werden dem Pferd in 3- bis 4tägigen Abständen Antihistamineinspritzungen gemacht.
Kein Kraftfutter geben! Heu kann zusammen mit Kleie- oder Leinsamenmash verabreicht werden.
Vorbeugend sollte man in der Jahreszeit, in der die Krankheit auftritt, nur

eine beschränkte Menge an frischem Gras verfüttern.

Konditionsverlust

Offensichtliche Gründe

Unkorrekte Fütterung.
Übermäßige Arbeit.
Wassermangel.

Weniger leicht ersichtliche Gründe

Parasitenbefall (siehe Seite 133 ff.).
Maulverletzungen durch die Zähne.
Zahnfehler und -erkrankungen.
Stalluntugenden (siehe Seite 99 ff.).

Maulverletzungen durch die Zähne, Zahnfehler und -erkrankungen

Ursachen:
1. Die oberen Molaren wachsen nach unten und außen, die unteren nach oben und innen. Dadurch werden die äußeren Ränder der oberen Molaren und die inneren Ränder der unteren Molaren ungenügend abgenützt, werden scharf und verletzen Backen und Zunge.
   Die Schmerzen hindern das Pferd, seine normale Futtermenge aufzunehmen, zudem kann es sie nicht richtig kauen.
2. Hat ein Pferd einen schlechten oder zerfallenen Zahn, wird es dadurch ebenfalls beim Fressen oder richtigen Kauen behindert.
3. Bei jungen Pferden kann Zahnfleischentzündung während des Zahnwechsels auftreten.

Symptome:
Das Pferd läßt Futter aus dem Maul fallen, das heißt, nachdem das Futter teilweise gekaut worden ist, wird es im Maul herumgeschoben und schließlich ausgespuckt. Oder das Pferd kaut „Wickel“, wenn es Heu oder Grünfutter bekommt. Die Wickel kann man vor der Krippe finden. In den Kotäpfeln sind viele Haferkörner enthalten.

Behandlung:
Ursache beseitigen.
Zähne regelmäßig kontrollieren und eventuell raspeln (gewöhnlich genügt einmal jährliches Raspeln).

Innere Krankheiten

Einschuß

Eitrige Unterhautentzündung (Phlegmone). Sie befällt am häufigsten ein Hinterbein.

Ursachen:
Bakterien, die durch eine Wunde eindringen, können eine Infektion bewirken. (Die Wunden können so klein sein, daß sie nicht erkannt werden!)

Symptome:
Extreme Lahmheit.
Beim Beginn des Anfalles erhöhter Puls.
Fieber, beschleunigte Atmung.
Ein oder mehrere Gliedmaßen (meistens

das eine oder beide Hinterbeine) schwellen an, sind heiß und schmerzhaft. Die Schwellung kann vom Huf bis zum Knie reichen, und das Bein kann auf doppelte Dicke anschwellen.
Wegen der Schmerzen wird das Bein geschont.

Behandlung:

Tierarzt rufen. Das Pferd soll in eine Box gebracht und während des Tages 2- oder 3mal ein paar Minuten lang geführt werden oder in der Box umhergehen.
Leichtes Futter geben und alles Körnerfutter ausschalten.
Als moderne Behandlung werden in den Anfangsstadien Sulfonamide und Antibiotika verabreicht.
Das geschwollene Bein wird 2- bis 3mal pro Tag je eine Stunde lang mit heißen Bähungen behandelt. Nachher trocknet man es sorgfältig.
Später bewegt man das Pferd mehrmals täglich 10 Minuten im Schritt.
Das Pferd wird auf eine spärlich bewachsene Weide gebracht und zur Bewegung angeregt, was die Schwellung reduziert.
Wird der Einschuß nicht behandelt oder tritt ein Rückfall ein, kann das zu einer permanenten Verdickung des Beines führen.

Druse

Eine akut ansteckende Krankheit, die von einem Bakterium (Streptococcus equi) verursacht wird. Dieses wird eingeatmet und ruft in den oberen Luftwegen einen Katarrh und Fieber hervor. Die Bakterien dringen in die Lymphgefäße ein und gelangen in die Kehlgangs- und Rachenlymphknoten, wo sie schließlich Abszesse bilden. Später können auch Lymphknoten in der Bauchhöhle erkranken.

Symptome:

Mattigkeit und Apathie.
Erhöhte Temperatur, zwischen 40 und 41 ° C.
Die Schleimhaut des Auges ändert ihre gesunde, hellrosa Farbe und wird rot.
Ein anfänglich dünner, wässeriger, später dicker gelber Ausfluß aus einer oder beiden Nüstern.
Halsschmerzen und Husten.
Die Lymphknoten des Kopfes, besonders die im Kehlgang, schwellen an, werden heiß und schmerzhaft. Nach ein paar Tagen bildet sich ein Abszeß und bricht auf. Nach dem Aufbrechen fällt die Körpertemperatur rasch.
Der Kopf wird steif und ausgestreckt gehalten. Das Pferd hat Mühe beim Schlucken.

Behandlung:

Das Pferd streng isolieren und in eine geräumige, gut belüftete Box stellen, wo es viel frische Luft bekommt.
Die alte Box sowie Decken, Sattelzeug und sonstige Ausrüstung, mit denen das kranke Pferd in Berührung gekommen ist, sorgfältig desinfizieren, Stroh verbrennen.
Das Pferd mit Decken und Flanellbandagen warm halten und ihm eine Eukalyptus-Inhalation bereiten.

Die Nüstern häufig mit warmem Wasser waschen und mit Eukalyptussalbe einstreichen. In den Nüstern auf keinen Fall Desinfektionsmittel verwenden, denn die Schleimhäute sind außerordentlich empfindlich.
Die Abszesse werden zur Reifung angeregt, indem man sie mit stimulierender Salbe, heißen Bähungen oder heißen Breiumschlägen behandelt.
Wenn der Abszeß reif ist, bricht er auf, und dicker Eiter fließt aus. Bricht er nicht auf, muß er unter Umständen vom Tierarzt aufgeschnitten werden. Nachdem der Abszeß aufgebrochen ist, wird der Ausfluß vernichtet und die Wunde normal behandelt. Das Pferd soll weiches Futter bekommen, zum Beispiel feuchten Kleiemash, gekochten Hafer etc., da die Halsschmerzen ihm beim Fressen Mühe bereiten.
Drusebakterien werden von den meisten Antibiotika abgetötet. Eine frühe Diagnose ist wichtig, damit sich die Krankheit nicht ausbreitet, weshalb man bei den ersten Anzeichen den Tierarzt rufen soll.
Gute Krankenpflege ist wesentlich. Ein Drusefall dauert in der Regel 6 Wochen, bis zur vollständigen Genesung sogar bis 3 Monate. Danach ist zusätzlich eine lange Periode notwendig, um die Kondition wiederherzustellen, bevor man mit dem Pferd wieder normal arbeiten kann.

Verhütung:
Strenge Stallordnung und Hygiene tragen zur Verhütung von Druse bei. Die Krankheit wird gewöhnlich durch eine Infektion von Futter, Trinkwasser (Tröge), Utensilien, Decken oder Einstreu übertragen. Ein Pferd kann auch bei einem Transport oder Aufenthalt in einem fremden Stall infiziert werden. Alle Gebäude und Utensilien müssen gründlich desinfiziert werden.
Erkältungen, Schwäche etc., die die Entwicklung von Druse begünstigen, sollen möglichst verhindert werden. Außerdem gibt es Druse-Impfstoffe. Sie wirken jedoch nicht sicher.

Kreuzverschlag (Myoglobinurie)

Eine Krankheit, die als Folge von Untätigkeit bei Pferden mit guter Kondition auftreten kann und oft bei Huntern und Rennpferden vorkommt. Es handelt sich um einen Muskelzerfall, vor allem über den Lenden und in der Hinterhand.

Ursachen:
Glykogenansammlung in den Muskeln eines ruhenden Pferdes, die bei plötzlicher Bewegung rasch aufgebraucht wird und eine extreme Erhöhung der Milchsäurebildung herbeiführt, was die Muskelfasern anschwellen läßt und zerstört. Muskelfarbstoff (Myoglobin) tritt aus und wird über die Nieren ausgeschieden. Prädisponierend wirkt kohlenhydratreiches Futter bei mangelnder Bewegung.

Symptome:
Das Pferd geht normal vom Stall weg, aber bald verlangsamt es seine Bewegung, und die Muskeln werden steif.

Das Pferd beginnt zu torkeln und zu wanken und zeigt eine deutliche Lahmheit in der Hinterhand.
Es schwitzt stark, und die Atmung ist beschleunigt.
Man sieht die Muskeln über den Lenden zittern.
Das Pferd kann zusammenbrechen, wenn es zum Weitergehen gezwungen wird.
Die Muskeln in der Lendengegend verhärten sich und spannen.
Beim Stallen ist der Urin kaffeefarben oder rötlichbraun.

Behandlung:
Das Pferd, wenn möglich, nach Hause in eine Box bringen. Man soll es nicht zum Gehen zwingen, sondern im Anhänger oder Transporter nach Hause fahren. Heiße Decken über die Lenden legen und die Lendenmuskeln massieren. Sofort den Tierarzt rufen! Er wird eine Allgemeinbehandlung einleiten und eventuell einen Aderlaß machen.
Milde Fälle erholen sich rasch, aber bei schweren Fällen kann nach wenigen Tagen der Tod eintreten.
Während der Genesung soll das Pferd abführendes, leicht verdauliches Futter bekommen, zum Beispiel Kleiemash, Gruel, Grünfutter und Heu.

Verhütung:
Leichte Fütterung, wenn Bewegung fehlt.
Wenn möglich, soll das Pferd täglich bewegt werden (eventuell nur auf die Weide bringen).
Wenn es nicht arbeitet oder wenn die Arbeit stark reduziert wird, muß die Fütterung entsprechend verringert und der Hafer ganz weggelassen werden.

Wundstarrkrampf (Tetanus)

Eine von Tetanusbazillen verursachte Krankheit, die eine Verkrampfung der Skelettmuskulatur auslöst. Die Bakterien kommen im Erdboden vor und gelangen durch Wundinfektion in den Körper. Besonders gefährlich sind Stichverletzungen, weil sich die Bazillen unter Luftabschluß vermehren. Sie treten nicht in die Blutbahn ein, bilden aber ein giftiges Abfallprodukt (Toxin), das die Nerven angreift. Oft nimmt die Krankheit einen tödlichen Verlauf.

Symptome:
1. Zunächst schlecht erkennbare, leichte Steifheit des Ganges.
2. Starrer Gesichtsausdruck, weit geöffnete Nüstern.
3. Das dritte Augenlid (Nickhaut) schiebt sich über den Augapfel.
4. Allmähliches Starrwerden der Kaumuskulatur.
5. Das Pferd wird extrem nervös.
6. Das Pferd steht mit ausgestrecktem Kopf und steif getragenem Schweif, und bei fortschreitender Krankheit versteift sich die gesamte Muskulatur (Sägebockstellung).

Behandlung:
Unverzüglich den Tierarzt rufen! Wird die Krankheit im Frühstadium entdeckt, bevor die Kaumuskulatur starr wird, besteht eine Heilungschance.

Das Pferd soll in absoluter Ruhe in einer dunklen Box stehen. Man verabreicht nur weiches, abführendes Futter, aber kein Heu, da dieses zu Erstickung führen kann. Eventuell muß das Pferd durch den Tierarzt künstlich ernährt werden. Viel frisches Wasser in Reichweite bereitstellen!

Die Behandlung besteht in der täglichen Verabreichung von sehr großen Dosen von konzentriertem Tetanus-Antitoxin, bis eine deutliche Besserung eintritt.

Kann die infizierte Wunde entdeckt werden, wird sie mit einem Antiseptikum behandelt.

Verhütung:

Alle Pferde sollten gegen Tetanus geimpft werden und jedes Jahr eine Nachimpfung erhalten.

Ist das Pferd nicht geimpft oder besteht ein Zweifel darüber, sollte ihm so rasch wie möglich nach einer Verletzung Antitetanus-Serum eingespritzt werden, was allerdings nur eine vorübergehende Immunität gewährt.

Lungenentzündung (Pneumonie)

Die Krankheit tritt häufig nach Druse oder Grippe auf.

Ursachen:

1. Folgeerscheinung, oft nach einer ansteckenden Krankheit wie Druse oder Grippe.
2. Erkältung.
3. Lange Kälteeinwirkung.
4. Flüssigkeit oder Futter, die aus Versehen in Luftröhre und Lunge geraten.

Symptome:

Schnelles, flaches Atmen.

Mattigkeit und Appetitverlust.

Hohes Fieber zusammen mit Schwäche und torkelndem Gang.

Das Pferd streckt den Kopf vor und bläht die Nüstern.

Es hustet zeitweise kurz und schwach.

Gewöhnlich ein schwacher Ausfluß aus der Nase, der sich später verstärkt und eine gräuliche Farbe annimmt.

Der Puls ist schnell, aber schwach.

Das Pferd legt sich selten hin. Es kann Schüttelfrostanfälle haben.

Behandlung:

Tierarzt rufen! Gute Pflege, viel frische Luft, Ruhe. Das Pferd soll in einer Box stehen und mit Decken und Stallbandagen warm gehalten werden. Es bekommt Antibiotika und Sulfonamide, und man bereitet ihm Eukalyptus-Inhalationen.

Das Trinkwasser wird leicht temperiert.

Abführendes Futter (Leinsamen, Kleiemash, Karotten etc.), aber keine Abführmittel.

Kolik

Mit dem Begriff Kolik bezeichnet man eine Reihe von Symptomen, die auf Bauchschmerzen hindeuten.

Ursachen:

1. Überlastung des Magens durch zuviel Futter.

2. Unangebrachtes, unsachgemäß zubereitetes oder schlechtes Futter (zum Beispiel schimmliges Heu).
3. Verstopfung in Dünndarm, Blinddarm oder Grimmdarm.
4. Verdauungsstörung durch Herunterschlingen des Futters oder plötzliche Umstellung in der Fütterung, Magenüberladung.
5. Tränken und Arbeiten unmittelbar nach der Fütterung. Tränken, wenn das Pferd erhitzt ist.
6. Darmaufgasung.
7. Darmparasiten, die den Darm versorgende Blutgefäße verstopfen und dadurch zeitweilig die Blutzufuhr unterbinden.
8. Darmverschlingung.
9. Darmlähmung, verursacht durch Entzündung der Darmschleimhaut.
10. Nieren- oder Blasensteine.

Symptome:

Es gibt zwei Arten von Kolik: Krampf- und Blähkolik.

Krampfkolik: Die Schmerzen treten mit Unterbrechungen auf. Sie beruhen auf krampfartigem Zusammenziehen der Muskelwand des Darmes, was meistens auf eine örtliche Reizung zurückzuführen ist. Die Krämpfe sind gewöhnlich sehr heftig. Das Pferd schlägt gegen den Bauch und scharrt, wirft sich hin und wälzt sich. Im Stehen schaut es oft nach seinem Bauch um, stampft mit den Beinen. Stellenweise bricht kalter Schweiß aus, in schweren Fällen stöhnt das Pferd hörbar.

Zuerst ist die Temperatur nicht erhöht, doch kann sie später vor Aufregung steigen, wenn die Krämpfe häufiger und die Ruheintervalle kürzer werden.

Nach einiger Zeit flauen die Schmerzen ab, und das Pferd beginnt wieder normal zu fressen und zu trinken. Die Symptome können jedoch nach einer Pause wieder auftreten.

Blähkolik: Sie beruht auf Darmverstopfung, Fermentation von Nahrung und der Entwicklung von Gasen im Darm.

Die Symptome gleichen jenen der Krampfkolik, aber gewöhnlich sind die Schmerzen kontinuierlicher und weniger heftig. Der Bauch ist aufgebläht. Das Pferd ist unruhig. Es bewegt sich in der Box umher, kann sich hinkauern, liegt aber selten ab.

Bei der Darmverschlingung treten die heftigsten Symptome auf, und die Körpertemperatur steigt bis auf 40,5 ° C. Die Herztätigkeit ist stark gesteigert; die Kolik führt ohne Operation zum Tode.

Behandlung:

Tierarzt rufen! Ist das Pferd im Freien, bringt man es in den nächstgelegenen Stall.

Das Pferd wird warm gehalten und die Box gut eingestreut. Es kann sich hinlegen, sollte aber beobachtet werden, damit es sich nicht verletzt, wenn es sich wälzt.

Langsames Führen im Schritt kann erleichternd wirken, da es die Darmtätigkeit anregt, ebenso Massage der Flanken mit Stroh.

Bis zum Eintreffen des Tierarztes Futteraufnahme verhindern!

Kehlkopfpfeifen (Rohren)

Pfeifen und Rohren sind verschiedene Grade einer Kehlkopferkrankung, die auf der Lähmung eines Stimmbandes (meist des linken) beruht.
Kehlkopfpfeifen: Ein hohes Pfeifen, das gewöhnlich bei schnellen Gangarten bei der Einatmung hörbar wird. Ein pfeifendes Pferd ist meistens besser fähig, harte Arbeit auszuführen als ein Rohrer, doch kann Pfeifen in Rohren übergehen.
Rohren: Ein tiefes Geräusch, das bei schnellen Gangarten bei der Einatmung gehört wird. Das Pferd kann in einer schnellen Gangart solche Beschwerden empfinden, daß es angehalten werden muß.

Ursachen:
1. Infektionskrankheiten wie Druse, Angina, Bronchitis, Pneumonie oder Influenza.
2. Aufnahme von Giftstoffen im Futter.

Symptome:
Wenn nicht beide Seiten des Kehlkopfes gelähmt sind, hört man beim ruhenden Pferd kein abnormales Geräusch.
Pfeifen und Rohren wird gewöhnlich nur im Galopp deutlich gehört, aber manchmal auch im Trab.
In beiden Fällen kann das Geräusch je nach der Schwere des Falles kaum hörbar oder sehr deutlich sein.

Behandlung:
Resektion der Stimmtaschen: Bei dieser Operation wird die Schleimhaut der Tasche vor den Stimmbändern entfernt und die Stimmbänder dadurch an den Wänden des Kehlkopfes fixiert. Dadurch bleibt der Luftraum permanent offen. Obwohl diese Operation nur in 70 bis 80 Prozent der Fälle erfolgreich ist, kann ein unbrauchbares Pferd dadurch wieder arbeitsfähig werden.

Lungendämpfigkeit (Lungenemphysem)

Platzen der Lungenbläschen, dadurch bedingte Verringerung der Atemfläche und Elastizitätsverlust der Lunge.

Ursachen:
1. Die Lungen werden durch chronischen Husten zu stark belastet. Die Krankheit erscheint als Folge von Bronchitis, Asthma, Pleuritis oder Pneumonie.
2. Übermäßiges Galoppieren, wenn das Pferd nicht trainiert ist.

Symptome:
Rauher, trockener Husten, der sich während der Bewegung verschlimmert (Fütterung von staubigem Heu löst Hustenreiz aus). Leichter Nasenausfluß.
Nach jeder Anstrengung geht der Atem mühsam.
Das Pferd nimmt bei der Ausatmung die Bauchmuskulatur zu Hilfe, wodurch sich die sogenannte Dampfrinne an der seitlichen Bauchwand bildet.

Behandlung:
Die Krankheit ist unheilbar. Man kann dem Tier lediglich Erleichterung verschaffen, indem man alles Futter zur

Verminderung der Staubentwicklung anfeuchtet.

Herzdämpfigkeit

Durch Herzmuskelschwäche wird die Blutzirkulation in der Lunge beeinträchtigt und die Sauerstoffaufnahme gestört.

Symptome:
Wie bei der Lungendämpfigkeit entsteht Atemnot und eine doppelschlägige Atmung, besonders bei Anstrengung.

Behandlung:
In den meisten Fällen ist auch dieses Leiden unheilbar. Der Tierarzt wird versuchen, die Herzmuskeltätigkeit zu verbessern. Ruhe, wenig Anstrengung.
Lungen- und Herzdämpfigkeit gelten als Hauptmängel.

Nüsternflattern

Dies ist keine Krankheit, sondern ein Geräusch, das das Pferd nur bei der Ausatmung macht. Es wird durch eine Anomalie der Nüstern hervorgerufen, die vibrieren, wenn das Pferd ausatmet. Die Erscheinung ist bei edlen Pferden häufig und soll auf sehr gute Atmungsorgane hindeuten.

Erkältung

Eine ähnliche Erscheinung wie beim Menschen, die durch eine Infektion oder Kälteeinwirkung hervorgerufen wird. Sie ist an sich nicht gefährlich, aber ansteckend und kann ernste Folgen haben, wenn das erkältete Pferd gearbeitet wird.

Symptome:
Das Pferd niest und ist matt und lethargisch.
Erhöhte Temperatur, die 2 oder 3 Tage über dem Normalwert bleiben kann.
Dünner Nasenausfluß, der sich später verdickt.
Eventuell hustet das Pferd, und die Augen können tränen.
Das Haarkleid ist matt und starr.

Behandlung:
Das Pferd absondern, um eine Ausbreitung zu verhindern.
Das Pferd warm eindecken, aber viel frische Luft zugänglich machen.
Leichtes Futter verabreichen.
Dem Pferd Eukalyptus-Inhalationen bereiten, um den Ausfluß zu fördern.
Das Pferd nicht arbeiten lassen.

Husten

Husten ist ein Symptom von verschiedenen pathologischen Ursachen.

Ursachen:
1. Ein von der Weide hereingebrachtes Pferd kann wegen der unreinen Luft im Stall husten.
2. Rachen- oder Kehlkopfentzündung.
3. Flüssigkeit, die in die Luft- anstatt in die Speiseröhre gerät. Ein Gegenstand, der im Hals steckengeblieben ist.
4. Dämpfigkeit.
5. Zahnwechsel.

6. Tritt nach der Beseitigung aller möglichen Ursachen keine Besserung ein, sind Würmer zu vermuten.

Behandlung:
Hustet das Pferd bei der Rückkehr in den Stall nach einem langen Weidegang, soll der Stall Tag und Nacht gut gelüftet werden. Die Futterumstellung muß allmählich erfolgen.
Im Falle von Rachen- oder Kehlkopfentzündung soll das Pferd warm eingedeckt im gut belüfteten Stall stehen. Man bereitet ihm Eukalyptus-Inhalationen und reibt den Hals mit Liniment ein. Gruel, Heutee, Gras und Kleiemash füttern.
Durch Verschlucken verursachter Husten verschwindet gewöhnlich innerhalb kurzer Zeit. Gelangt eine beträchtliche Menge Flüssigkeit in die Lungen, folgt eine Lungenentzündung.

Pferdegrippe (Influenza, ansteckender Katarrh der Luftwege)

Hochansteckender seuchenhafter Husten.

Ursachen:
Die Krankheit wird durch Viren verbreitet, die Kehlkopfentzündung und Bronchitis hervorrufen.

Symptome:
Anfangs tritt hohes Fieber (39,5 bis 40 ° C) auf, und das Pferd ist in erschöpftem Zustand. Katarrhalischer Ausfluß aus Augen und Nüstern. Das Pferd hustet und ist sehr lethargisch. In schweren Fällen können sich an Beinen, Maul und Bauch Schwellungen bilden.
Es kann eine Lungenentzündung folgen.
Bei einer Heilung können die Atmungsorgane permanent geschädigt sein.

Behandlung:
Vorbeugen: Ein gut gepflegtes Pferd ist für diese Krankheit weniger anfällig als eines in schlechter Verfassung.
Gute Stallordnung, Isolierung von neuankommenden Pferden und Vorsicht bei Transporten können dazu beitragen, die Krankheit zu verhüten.
Tritt ein Influenzafall auf, muß der Patient sofort isoliert werden. Er soll warm eingedeckt in einer gut belüfteten, zugfreien Box stehen. Die Beine werden, um sie warm zu halten, bandagiert. Sorgfältige Krankenpflege ist äußerst wichtig. In häufigen Intervallen verabreicht man dem Patienten weiches Futter in kleinen Mengen und bereitet ihm Eukalyptusinhalationen.
Der Tierarzt soll gerufen werden.

Verhütung:
Pferde können gegen Influenza geimpft werden, und zwar zweimal im Abstand von 6 bis 12 Wochen und ein drittes Mal nach 6 Monaten. Danach eine Impfung pro Jahr. Fohlen dürfen in den ersten 3 Lebensmonaten nicht geimpft werden.

Sachregister

Husten

Vorangestellt sei die Feststellung, daß Husten keine Krankheit, sondern ein Symptom, also der Ausdruck einer Erkrankung der Atemwege, ist. Das scheint bei oberflächlicher Betrachtung ohne Bedeutung zu sein, bedenkt man jedoch, daß die verschiedenen Krankheiten, die Husten hervorrufen, unterschiedlich behandelt werden müssen, so wird man die Bedeutung einer exakten Diagnose richtig einschätzen. Die erste Frage sollte also nicht lauten „Was mache ich gegen Husten?“, sondern „Warum hustet mein Pferd?“, und die zweite Frage lautet dann folgerichtig: „Was mache ich gegen die Krankheit, die den Husten verursacht?“
Die Erkrankungen der Atemwege werden ihrer Bedeutung nach beschrieben: Infektiöse Bronchitis, Broncho-Pneumonie, Chronische Bronchitis, Dämpfigkeit, Kehlkopfentzündung, Druse...

... Chronische Bronchitis

Eine weitaus unangenehmere und langwierigere Erkrankung ist die chronische Bronchitis. Sie kann sich aus einer verschleppten akuten Bronchitis entwickeln. Zwar kann die Lungenentzündung zum Tode des Pferdes führen, aber die Entscheidung ist wenigstens schnell herbeigeführt. Bei der chronischen Bronchitis kann es Monate und Jahre dauern, bis das Pferd endgültig aus dem Dienst ausscheiden muß. Das einzige für den Reiter sichtbare Anzeichen der chronischen Bronchitis ist anfangs der anhaltende Husten. Hierbei ist die Anzahl der Hustenstöße am Tag nicht immer ein Gradmesser für die Schwere der Erkrankung. Die Pferde husten in dem Augenblick, da die entzündeten Atemwege zusätzlich durch Staub (Hallen- oder Futterstaub), durch Temperaturwechsel (Weg vom Stall ins Freie oder in die Halle) oder durch Veränderung der Luftfeuchtigkeit (witterungsabhängig) gereizt werden. Häufig husten die Pferde auch nur am Anfang der Bewegung, manchmal nur am Ende des Rittes. Zwischendurch gibt es immer wieder Tage, an denen der Husten ganz verschwindet, so daß man schon auf eine Heilung hofft. Erst später gesellt sich zu dem Husten noch Atemnot hinzu.

Behandlung: Eine tierärztliche Behandlung der chronischen Bronchitis ist häufig erfolglos. Die besten Aussichten auf Heilung bringt ein Klimawechsel und ganztägiger Weidegang, der sich mindestens über zwei bis drei Monate erstrekken muß. Manchmal genügt zur Besserung schon ein Stallwechsel. Eine chronische Bronchitis muß nicht unbedingt mit einer Leistungsminderung verbunden sein. Die häufig angewendeten Kortisonpräparate führen selten zu einer Heilung.

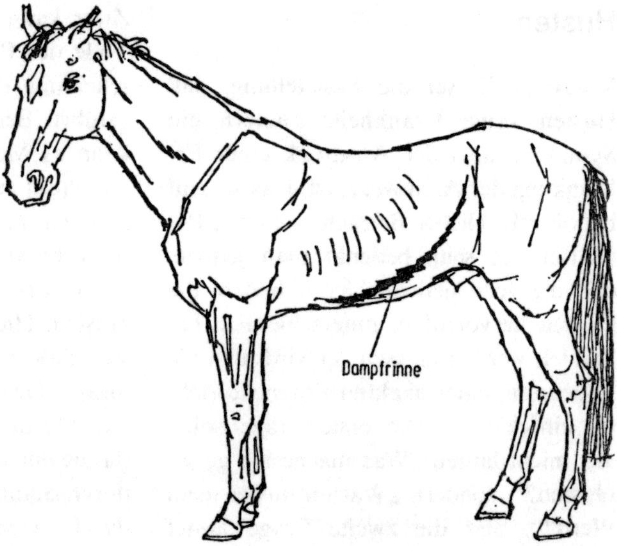

Bild 41. Dämpfigkeit

Dämpfigkeit

Der Begriff Dämpfigkeit ist juristisch definiert, da es sich um einen Hauptmangel handelt. Im Paragraph 1 der „Kaiserlichen Verordnung" heißt es unter anderem:
„Als Dämpfigkeit ist anzusehen die Atembeschwerde, die durch einen chronischen unheilbaren Krankheitszustand der Lunge oder des Herzens bewirkt wird."
Eine chronische Bronchitis allein kann, wenn sie entsprechend weit fortgeschritten ist, schon zu Atembeschwerden führen. Häufig ist jedoch ein Lungenemphysem die Ursache der Atemnot. Beim Lungenemphysem kommt es zum Platzen der Lungenbläschen und zur Erweiterung der Lunge, wobei die Atemfläche kleiner wird. Da die eingeatmete Luft durch Verlust der Lungenelastizität nicht mehr ganz ausgestoßen werden kann, muß die Muskulatur der Bauchwand zum Ausatmen zu Hilfe genommen werden. Dies wird sichtbar durch die Dampfrinne an der seitlichen Bauchwand. Man sagt, „das Pferd zieht auf". Die Pferde haben einen trockenen und, wie es scheint, qualvollen Husten. Jede Behandlung dämpfiger Pferde ist von vornherein zum Scheitern verurteilt, da dieses Lungenleiden unheilbar ist. Das Reiten dämpfiger Pferde muß als Tierquälerei angesehen werden.

Leseprobe aus

Handbuch der Pferdehaltung
von Dr. med. vet. M. Pick, erschienen in der Franckh'schen Verlagshandlung, Stuttgart.